W0327374

Faire Aimer La Prière A Nos Enfants

Avec des expériences des parents dans l'initiation de leurs enfants à la prière

Mohamed karimi

Abo Omar Lkhaldi

Edition ALMADINA

Transcription des Lettres Arabes

ء a	د d	ض d̲	ك k
ب b	ذ dh	ط t̲	ل l
ت t	ر r	ظ z̲	م m
ث th	ز z	ع `	ن n
ج j	س s	غ gh	ه h
ح h̲	ش sh	ف f	و w
خ kh	ص s̲	ق q	ي y

Transcription des voyelles brèves: ـَ *a*, ـُ *u*, ـِ *i*.

Nous rendons les voyelles longues ا et ى par â, و par û et ي par î.

En cas d'annexion le ة est prononcé « ***t*** ». En cas d'arrêt le ة est prononcé « *h* ».

Le signe « ﷺ » qui vient après notre Prophète Mu<u>h</u>ammad signifie : « Qu'Allah prie sur lui et lui donne la paix ».

Les noms des membres de la famille du Prophète ﷺ et ceux de ses Compagnons sont suivis du signe « رضي الله عنه » qui signifie « qu'Allah l'agrée », que ce nom soit au masculin ou au féminin. Les noms des autres prophètes sont suivis du signe « عليه السلام » qui signifie « Qu'Allah lui donne la paix ».

N D T : Note du traducteur

Distribution SANA Paris : www.librairie-sana.com

Dépôt légal : 2015MO0799

ISBN : 978-9954-9543-2-4

© Copyright : Edition ALMADINA - 1° édition – 2015

Tous droits de reproduction, d'adaptation et de traduction réservés pour tous pays.

Introduction

Louange à Allah, Seigneur des univers. Prière et paix sur Son Prophète bien-aimé, Muhammad ﷺ, ainsi que sur sa Famille, ses Compagnons et ceux qui les sont suivis dans la bonne voie.

Cet opuscule s'adresse aux pères, aux mères et à ceux qui se chargent de l'éducation des enfants. Nous y avons réuni un florilège de recherches, d'articles et d'expériences qui les aideront -par la volonté d'Allah- à initier leurs enfants à aimer la prière et à l'accomplir assidûment.

Nos enfants sont nos cœurs qui cheminent sur terre. Ils naissent selon la saine nature. Seulement l'Envoyé d'Allah ﷺ nous a avertis que les parents peuvent rendre leur enfant juif, chrétien ou zoroastrien. Même si les parents de l'enfant sont musulmans, l'environnement et la société sont capables de faire perdre à ceux-ci ou aux éducateurs de manière générale le contrôle de l'enfant. Nous pouvons dire que la société peut rendre l'enfant juif, chrétien ou zoroastrien si les parents ne prennent pas à temps les dispositions et les précautions nécessaires. Il faut savoir que la prière est le squelette de la religion. Sans la prière, toute la structure de la religion s'écroule.

Pour éviter toute prolixité et transformer l'initiation de l'enfant à la prière en un entrainement amusant aussi bien pour celui-ci que pour ses parents, au lieu d'être une charge lourde et une opération pénible, voire une querelle permanente, nous avons émaillé notre livre de questions accompagnées de réponses pratiques.

Dieu sait combien de parents souffrent pour habituer leurs enfants à la prière. Généralement ils ne se rendent compte de la gravité de la situation que lorsque l'enfant s'approche de l'âge dix ans, à savoir l'âge où il est censé être déjà initié à l'accomplissement assidu de la prière et où le recours à la punition, en cas de négligence, ne devrait être que la dernière solution conformément à la recommandation suivante du

Prophète ﷺ : *« Ordonnez à vos enfants de prier dès l'âge de sept ans. S'ils se montrent réticents à l'âge de dix ans, punissez-les et séparez-les dans les couches »*[1].

Le but de ce livre est de faire aimer la prière aux enfants, de sorte qu'ils ne pourront pas s'en passer et que lorsqu'ils seront adolescents, ils ne l'abandonneront pas, contrairement à ce qui se passe souvent malheureusement. En d'autres termes, le but de ce livre c'est de réaliser sur le terrain la parole suivante d'Allah : ﴾*La prière préserve des turpitudes et des actes blâmables*﴿[2].

Nous tenons à signaler qu'il faut faire très attention lors de l'application des conseils et des directives qui se trouvent dans le présent livre, car il existe des différences entre les enfants. En effet, chaque enfant a une personnalité et des traits de caractère qui le distinguent des autres enfants, y compris de ses propres frères et sœurs ayant vécu dans un même environnement. Ce qui convient à l'un peut ne pas convenir à un autre, et c'est aux parents -ou aux éducateurs- qu'il incombe d'évaluer tout cela. Il ne faut appliquer ces directives qu'après avoir réfléchi sur leur efficacité pour l'enfant qu'on veut éduquer et leur conformité à sa personnalité. Le lecteur peut tout à fait palper ces différences à travers les expériences racontées par les parents auxquelles nous avons réservé la deuxième partie de notre livre.

Nous implorons Allah de faire profiter les gens de ce livre et d'en faire une œuvre qui soit exclusivement consacrée à Son noble visage.

Toute remarque et toute suggestion susceptible d'améliorer ou d'enrichir cette œuvre sera la bienvenue, et Allah ne laisse point se perdre la récompense de ceux qui œuvrent pour le bien, notamment le bien de nos enfants. Pour pouvoir nous contacter, voici notre adresse E-mail : editionalmadina@gmail.com.

---

[1] Hadith d'une autorité canonique assez bonne -*hasan*-. Il est rapporté par Abû Dâwûd. Voir *sahîh al jâmi`* n° 5868.

[2] Coran, *al-`ankabût* (S.29) : 45.

L'initiation à la prière est une initiation à sa réalité intérieure et à son aspect extérieur

Ibn Al-Qayyim a dit : « Le cœur est pour les membres comme le roi qui dirige ses soldats. En effet, les membres réagissent tous aux ordres du cœur. Il les emploie là où il veut. Ils sont tous sous son pouvoir et sa domination. Ils acquièrent de lui la rectitude ou, au contraire, l'égarement. Ils le suivent dans ses résolutions et dans ses rétractions. Le Prophète ﷺ a dit en effet : *« N'y a-t-il pas dans le corps humain un morceau de chair -mudgha- qui, s'il est bon, tout le corps le sera et s'il est corrompu, tout le corps le sera ? N'est-ce pas le cœur ? »* »[3]

Il est très important d'insister sur le cœur dans l'éducation cultuelle de nos enfants. C'est d'ailleurs pour cette raison que nous avons consacré un chapitre entier au recueillement dans la prière. En implantant dans le cœur de nos enfants l'amour d'Allah, l'espoir en Lui, la confiance en Lui, le recours à Lui, l'humilité, l'abnégation, les vertus esthétiques du culte auquel nous voulons l'initier, ainsi que d'autres vertus intérieures, on les prépare non seulement à l'accomplissement des pratiques cultuelles (les ablutions, la prière, le jeûne, etc.), mais aussi à les vivre dans leurs dimensions spirituelles et esthétiques. Sans ces vertus, ils accompliront une prière sans âme, de manière automatique et rien que pour nous plaire et échapper à nos réprimandes et ils risqueront ainsi de se lasser et de l'abandonner.

En même temps nous ne devons pas négliger de leur apprendre les conditions de la prière, ses éléments qui constituent des devoirs d'obligation fondamentale *-rukn-*, ses éléments qui constituent des devoirs d'obligation stricte *-wâjib-*, ses éléments

---

[3] *Ighâtatu al-lahfân fî masâ'id ash-shaytân* (Sauver la victime en détresse des pièges de satan) d'Ibn Al-Qayyim.

qui sont recommandés *-mustahabb-*, les moments qui lui sont assignés, ainsi que d'autres aspects extérieurs de la prière. Il faut savoir que comme le cœur influe sur les actes extérieurs, ceux-ci influent également sur le cœur. Le D. Sa`îd Ramadân Al-Bûtî a fait allusion par sa parole[4] : « [L'éducation] reflète l'« image » du dogme et l'incarne. Or lorsque l'enfant se tourne vers l'appel de son Seigneur et se conforme à Ses ordres, il ne fait que répondre à un instinct inné en lui et l'assouvit. Mais pour que la « plante » du dogme demeure fortement fixée dans l'âme, il faut l'arroser avec l'«eau » de l'adoration sous ses diverses formes et aspects. Ainsi le dogme croît dans le cœur, s'épanouit et résiste aux tempêtes de la vie et à ses secousses ».[5]

Le D. Muhammad Nûr Suwayyid a dit[6] : « L'enfance n'est pas une étape d'assujettissement [aux prescriptions religieuses] *-taklîf-*, mais une étape d'entraînement, d'initiation et de préparation à l'étape d'assujettissement, à l'âge de la puberté, pour que l'enfant trouve facile l'accomplissement des obligations religieuses et pour qu'il soit prêt à s'engager dans la Voie en toute confiance et avec détermination.

En Islam, l'adoration a un effet étonnant sur l'esprit de l'enfant, elle ravive en lui le sentiment d'être lié avec Allah, calme ses réactions nerveuses et empêche ses sursauts de colère, faisant ainsi de lui un être parfait et droit, car l'abondance des passions durant cette période rend son âme de plus en plus sensible à l'imploration secrète d'Allah, l'humilité occupe un grand espace de son corps pendant qu'il psalmodie un verset du Coran ou l'écoute, ou pendant qu'il entend l'appel du muezzin, lui annonçant qu'il peut manger et boire après une journée entière de

---

[4] Nous avons extrait cette parole du livre « L'expérience de l'éducation islamique » p. 40 de Mohammad Nûr Suwayyid.

[5] Voir « *manhaju-t-tarbiyyati-n-nabawiyyati li-t-tifl* » Nûr Suwayyid p 123.

[6] Voir « *manhaju-t-tarbiyyati-n-nabawiyyati li-t-tifl* » de Muhammad Nûr Suwayyid, p. 123.

jeûne, ainsi que d'autres secrets de l'adoration qui sont tellement nombreux qu'on ne peut pas en faire le compte et qui ont un impact positif sur l'enfant, le rendant de plus en plus fort et de plus en plus actif ».[7]- [8]

[7] Pour plus de détails sur la question de l'effet de la prière sur l'enfant et ses avantages, consulter l'épître intitulée : « La vie dans la prière de l'homme » de Yâsîn Muhammad Hasan, à partir de la page 183, et « La prière, le sport et le corps » de `Adnân At-Tarshah, à partir de la page 52.

[8] Voir *L'éducation réussie des enfants* de Ra'fat Farîd Suwaylim. Livre édité par Edition ALMADINA.

Pourquoi devons-nous mener cette action ?

Nous devons le faire pour les raisons suivantes :

1- C'est un ordre venant d'Allah le Très-Haut. Or qu'est-ce que l'Islam, à la base, si ce n'est la soumission parfaite aux ordres d'Allah et l'éloignement de Ses interdits. Allah n'a-t-Il pas dit dans le Coran : ﴿*Vous qui croyez, prémunissez les vôtres et vous-mêmes contre ce Feu qu'alimentent les hommes et les pierres*﴾ [9] ? N'a-t-Il pas dit : ﴿*Ordonne aux gens de ta famille d'accomplir la prière et plie-toi avec patience à ce devoir*﴾ [10] ?

2- L'Envoyé d'Allah ﷺ nous l'a ordonné avec des termes explicites dans un hadith authentique. Il a dit en effet : *« Ordonnez à vos enfants de prier dès l'âge de sept ans. S'ils se montrent réticents à l'âge de dix ans, punissez-les »*[11].

3- Nous devons le faire pour nous acquitter de notre responsabilité sur ce plan et nous mettre hors de tout blâme.
Ibn Taymiyya a dit : « Celui qui a à sa charge un jeune domestique, ou un orphelin, ou son propre enfant, mais qui ne lui ordonne pas d'accomplir la prière, qu'il sache que la loi punit le maître qui ne s'acquitte pas de cette mission envers ceux qui sont sous son autorité. Le juge peut même infliger une peine sévère à cause d'une telle négligence, car il a désobéi à Allah et à Son Envoyé ».[12]

4- La prière est le moyen qui lie le serviteur à son Seigneur. Or si nous craignons vraiment que nos enfants ne soient touchés par un mal quelconque et nous veillons à leur assurer un bon avenir, la première chose que nous devons faire, c'est de les maintenir en relation avec Allah. C'est celle-là la plus sûre garantie qui les

---

[9] Coran, *at-ta<u>h</u>rîm* (S.66), 6.
[10] Coran, *<u>t</u>âhâ* (S.20), 132.
[11] Hadith d'une autorité canonique assez bonne -*<u>h</u>asan*-. Il est rapporté par Abû Dâwûd. Voir « *sa<u>h</u>î<u>h</u> al jâmi`* » (n° 5868).
[12] Recueil de fatwas d'Ibn Taymiyya -*majmû` al-fatâwâ*- (22/51).

prémunit contre le mal et leur inspire le succès. Quelle joie et quelle quiétude nous ressentons en voyant nos enfants en plein recueillement devant Allah, s'entretenant intimement avec Lui, L'invoquant et s'en remettant à Lui !

5- Si le moindre mal de ce monde qui les touche nous remplit de compassion, comment ne pas réagir à l'idée que le feu de l'Enfer puisse les toucher ? Comment est-il concevable de négliger d'initier nos enfants à la prière alors que nous savons que celui qui l'abandonne fera partie des habitants de *Saqar*[13], cet étage de l'Enfer qui détruit tout sans rien épargner ?

6- La prière est une lumière. Prêtons nos cœurs avant nos oreilles aux propos suivants du Prophète ﷺ :

- *« Allah m'a inspiré l'amour de la prière, si bien qu'elle est devenue la prunelle de mes yeux »*[14].
- *« La tête de l'affaire c'est l'Islam et son squelette c'est la prière »*[15].
- *« La première chose dont le serviteur rendra compte le Jour du jugement est la prière. Si elle est bonne, c'est que ses autres œuvres sont bonnes. Si elle est imparfaite, c'est que ses autres œuvres sont imparfaites ».*[16]

---

[13] Allah a dit : ﴿*Chaque âme est l'otage de ses œuvres, à l'exception des compagnons de la droite qui, dans des jardins, s'interrogent au sujet des coupables. « Qu'est-ce qui vous a conduit à Saqar ? », [demandèrent-ils à ces derniers]. [Et les coupables de répondre] : « Nous n'étions pas de ceux qui accomplissent la prière, nous ne nourrissions pas l'indigent, nous suivions tout égaré dans son égarement et nous traitions de mensonge le Jour de la Rétribution »*﴾ [Coran, *al-muddaththir* (S.74), 38-46].

[14] Hadith rapporté par Ahmad dans son *musnad* (3/128, 199, 285), An-Nasâ'î dans « *al mujtabâ* » (3939). Le shaykh Al-Albânî a qualifié son autorité d'assez bonne dans « *mishkât al masâbîh* » (5261).

[15] Hadith rapporté par At-Tirmidhî (2616), An-Nasâ'î (11394), Ibn Mâja (3973) et Ahmad (5/231-236-237-245). Le shaykh Al-Albânî qualifie son autorité d'assez bonne -*hasan*- dans *al irwâ'* (2/139).

[16] Hadith rapporté par At-Tabarânî dans *al-mu`jam al-awsat*. Le shaykh Al-Albânî le qualifie d'authentique -*sahîhun li ghayrih*- : voir *sahîh at-targhîb wa-t-tarhîb* n° 376.

7- Nos enfants sont un dépôt qu'Allah nous a confié. Il est de notre devoir de prendre soin de ce dépôt afin de le Lui rendre intact.

8- Allah nous a chargés de la mission de gouverner et de gérer les affaires de nos enfants. Le Prophète ﷺ a dit en effet : « *L'homme est un pasteur à la tête des affaires de sa famille et il est responsable de ceux qui sont sous son autorité* »[17] et il a dit : « *Certes, Allah le Très-Haut interrogera tout dirigeant sur la responsabilité qu'Il lui a confiée : l'a-t-il accomplie parfaitement ou l'a-t-il négligée ? Jusqu'à interroger l'homme sur les gens qui habitent avec lui dans sa maison* »[18].

9- Rappelons-nous qu'à l'âge de la puberté, nos enfants seront légalement assujettis à la prière et seront concernés par les sentences suivantes du Prophète ﷺ : « *La frontière* (littéralement : le pacte -`*ahd*-) *qui existe entre eux* (les incroyants) *et nous est la prière. Quiconque l'a délaissée est d'ores et déjà un incroyant* »[19], « *Ce qui sépare l'homme de la mécréance et de l'associationnisme est la renonciation à la pratique de la prière* »[20].

10- En éduquant nos enfants dans l'amour de la prière, nous les guidons sur le droit chemin et nous leur rendons un immense service. Le Prophète ﷺ a dit en effet : « *Celui qui laisse l'exemple d'une bonne action -sunna hasana- en recevra [au Jour du jugement] le salaire ainsi que le salaire de ceux qui l'ont imité, sans que rien ne soit enlevé de leur récompense* »[21]. `Abd

[17] Hadith rapporté par Al-Bukhârî et Muslim.

[18] Hadith d'une autorité canonique assez bonne -*hasan*-. Il est rapporté par An-Nasâ'î dans « La cohabitation avec l'épouse -`*ishrat an-nisâ'*- » (n° 292), et Ibn Hibbân d'après Anas ﷺ. Voir « *sahîh al-al-jâmi`* » (n° 1775) et « *silsilatu-l-ahâdith as-sahîha* » (n° 1636) d'Al-Albânî.

[19] Hadith rapporté par at-Tirmidhî (n° 2623) et An-Nasâ'î (1/231-232). Le shaykh al-Albânî le qualifie d'authentique : « *mishkât al-masâbîh* » (n° 574).

[20] Hadith rapporté par Muslim (n° 82) et Abû Dâwûd (n° 4678).

[21] Hadith rapporté par Muslim -livre de la science- (16/226), At-Tirmidhî (10/143) et An-Nasâ'î (5/75/n° 2553).

Allah b. `Umar ﷺ rapporte que l'Envoyé d'Allah ﷺ a dit : « *Parmi les gens, l'homme le plus aimable à Allah est celui qui est le plus utile. L'œuvre la plus aimable à Allah est celle qui consiste à introduire de la joie dans le cœur du musulman, ou à le soulager d'une situation affligeante, ou à payer sa dette, ou à le rassasier s'il a faim. Il m'est plus préférable d'accompagner mon frère musulman pour qu'il obtienne ce dont il a besoin que d'effectuer une retraite spirituelle d'un mois dans une mosquée* »[22].

11- Nous le ferons dans l'espoir que nos enfants nous rejoignent au Paradis -s'il plaît à Allah-. Allah -exalté soit-Il- a dit : ﴾*Aux croyants [nous annonçons cette bonne nouvelle] : « Si leurs descendants les suivent dans la foi, Nous leur ferons rejoindre ceux-ci, sans les frustrer de la moindre de leurs bonnes actions*﴿[23].

12- L'enfant élevé dans la piété et l'amour de la prière constitue une vie productive supplémentaire de ses parents et une continuité de leurs bonnes actions après leur mort. Cela est confirmé par la parole suivante du Prophète ﷺ : « *Quand l'homme vient à mourir, ses œuvres cessent à l'exclusion de trois d'entre elles : une aumône dont le profit demeure, une science dont les fruits sont encore perceptibles, un enfant pieux qui invoque Allah en sa faveur »*.[24]

Que c'est triste de voir des parents perdre leurs enfants qui vivent pourtant sous leur toit ! Ils ont négligé leur éducation dans la foi et l'amour de la prière. Ainsi ils se sont privés d'une source intarissable de bonnes actions et d'une élévation de degrés alors qu'ils avaient toute la possibilité d'en profiter, et ils porteront sur le dos leurs propres péchés et les péchés de leurs enfants.

---

[22] Hadith rapporté par At-Tabarânî dans *al-mu`jam al-kabîr* (12/346) et Ibn Abî Ad-Dunyâ. Le shaykh Al-Albânî qualifie son autorité d'assez bonne : voir *silsilatu al-ahâdîth as-sahîha* (n° 906) et *sahîh al-jâmi`* (n° 176).

[23] Coran, *at-tûr* (S.52), 21.

[24] Hadith rapporté par Muslim.

Comment supporter les difficultés de cette action ?

Cette mission est difficile, voire un djihad en soi, car nous avons à faire à une âme humaine. Voici quelques directives qui peuvent faciliter l'accomplissement de cette mission et encourager à poursuivre ce djihad :

1- Plus nous commençons tôt, plus c'est facile.

2- Le fait de prendre soin du premier enfant constitue un projet d'investissement pour ce qui va suivre. En effet, l'aîné est considéré par ses frères et ses sœurs comme un modèle à suivre et ils chercheront à l'imiter.

3- Compter sur Allah seul pour nous récompenser. Le Prophète ﷺ a dit en effet : *« Celui qui appelle [les gens à suivre] une bonne voie aura une récompense équivalente à celle de tous ceux qui l'ont suivi sans que leurs récompenses n'en soient en rien diminuées ».*[25]

4- Notre intention profonde doit être la recherche de plaire à Allah qui a dit : ﴿*Ceux qui déploient leurs efforts pour nous plaire, Nous les guiderons assurément sur Nos chemins*﴾[26]. C'est là une sublime promesse d'Allah qui nous motivera chaque fois que nos résolutions faiblissent.

5- La patience et la persévérance sont très requises durant cette mission. Allah a dit en effet : ﴿*Ordonne aux gens de ta famille d'accomplir la prière et persévère dans cette voie. Nous ne te demandons aucune subsistance, c'est Nous qui te nourrissons*﴾[27]. Que notre souci permanent ne doit pas être d'assurer les dépenses d'entretien de nos familles. La priorité doit être donnée à leur initiation à l'adoration d'Allah, notamment la prière, car c'est Allah qui gère les attributions et Il est ﴿*le Dispensateur de la subsistance, le Tout-puissant, l'Immuable*﴾[28]. Rappelons-nous

---

[25] Hadith rapporté par Muslim.
[26] Coran, *al-`ankabût* (S.29), 69.
[27] Coran, *ṯâhâ* (S.20), 132.
[28] Coran, *adh-dhâriyât* (S.51), 58.

que l'homme ne meurt qu'après avoir atteint l'âge qui lui a été fixé et consommé la subsistance qui lui a été décrétée. Que nos âmes se rassurent, car la subsistance court derrière tout enfant d'Adam comme la mort et s'il la fuyait, elle le poursuivrait jusqu'à se mettre à sa disposition, contrairement à ce qu'on croit.

6- Implorer Allah avec ferveur.
Ibrâhîm ﷺ a dit : ﴾*Fais de moi [un serviteur] qui accomplit assidûment la prière, ainsi que mes descendants*﴿[29].
Nous ne pouvons pas atteindre nos objectifs par nos simples efforts. Le recours à Allah et la sollicitation de Son aide sont le plus grand appui sur lequel nous puissions compter.

7- Ne jamais désespérer de la miséricorde d'Allah.
N'oublions pas que la miséricorde arrive par où l'on ne s'attend pas. Rappelons-nous que lorsque Mûsâ ﷺ implora la tombée de la pluie pour son peuple en scrutant l'apparition des nuages dans un ciel dégagé, Allah lui révéla cet ordre : ﴾*Frappe le rocher de ton bâton*﴿[30] et le résultat fut que ﴾*douze sources jaillirent du rocher*﴿.

Zacharie eut un enfant alors qu'il avait atteint un âge avancé et que sa femme était stérile. Maryam n'avait aucune preuve pour convaincre son peuple que son enfant (Jésus) est né sans qu'elle ne soit touchée par un homme et voilà qu'Allah vint à son secours en inspirant à son bébé de dire des propos qui l'innocentèrent de leur accusation[31]. Ayons la conviction qu'Allah nous récompensera pour nos efforts et inspirera à nos enfants de suivre la bonne voie.

[29] Coran, Ibrâhîm (S.14), 40.
[30] Coran, *al-baqara* (S.2), 60.
[31] Allah a dit : ﴾*Elle se rendit à son peuple en portant l'enfant : « Maryam, lui dirent-ils, tu as commis une abomination ! Ô sœur de Hârûn, ton père n'était pas un libertin ni ta mère une femme dissolue ». Maryam leur fit signe de s'adresser à l'enfant. « Comment parlerions-nous à un enfant encore au berceau ? ». Or l'enfant dit : « Je suis un serviteur d'Allah. Il m'a donné l'Ecriture et a fait de moi un Prophète … »*﴿ [Coran, Maryam (S.19), 27-33].

Pourquoi la technique du renforcement et de l'inspiration de l'amour de la prière ?

Avant d'aborder cette technique, il convient de rappeler aux parents, aux éducateurs et aux musulmans en général que l'adoration comporte trois principes fondamentaux, à savoir l'amour d'Allah, sa crainte et l'espoir en Lui qui consiste à espérer de jouir du regard de Son noble visage et à espérer ce qu'Il détient comme faveurs et bienfaits. Dans le cheminement du musulman pour accéder à son Créateur et Maître, les savants le comparent à un oiseau. La tête de cet oiseau représente l'amour, l'une des ailes représente la crainte et l'autre l'espoir. Sans ces trois organes, l'oiseau ne peut pas voler et s'élever dans le ciel comme le musulman ne peut pas s'élever pour accéder à son Seigneur sans ces trois vertus.

Aussi faut-il souligner que pour privilégier la technique du renforcement et de la motivation -technique jouant sur l'espoir- ou la technique de la punition -technique jouant sur la crainte- tout en rappelant l'amour d'Allah pour nous et Sa bienveillance à notre égard, il faut tenir compte de plusieurs facteurs, notamment l'âge de la personne concernée, sa réceptivité, son attention, son environnement et aussi au fait qu'il soit néophyte ou déjà bien instruit sur le sujet.

Citons les arguments en faveur de la technique du renforcement parce qu'elle nous paraît efficace de manière générale et en particulier pour cette tranche d'âge (les enfants).

1- Allah le Très-Haut a dit : ﴿*Appelle [les gens à suivre] la voie de ton Seigneur par la sagesse et la belle exhortation, et discute avec eux de la meilleure manière*﴾[32].

---

[32] Coran, *an-nahl* (S.16), 125.

2- L'Envoyé d'Allah ﷺ a dit : « *Partout où la douceur s'installe, elle est source de beauté ; partout où la violence s'installe, elle est source de laideur* ».[33]

3- Notre premier souci est de leur faire aimer la prière. Une fois que leur âme s'imprègne de l'amour de la prière, ils ne pourront plus s'en passer.

4- La technique du renforcement est une technique pleine de compassion. Or le Prophète ﷺ a dit : « *Les gens miséricordieux jouissent de la miséricorde du Tout-Miséricordieux. Faites miséricorde à ceux qui sont sur la terre, Celui qui est au ciel vous fera miséricorde* »[34].

---

[33] Hadith rapporté par Muslim.

[34] Hadith rapporté par Abû Dâwûd et At-Tirmidhî. Le shaykh Al-Albânî qualifie son autorité canonique d'assez bonne -*hasanun li ghayrih*- : voir sahîh *at-targhîb wa-t-tarhîb* n° 2256.

A propos du hadith : « *Ordonnez à vos enfants de prier dès l'âge de sept ans. S'ils se montrent réticents à l'âge de dix ans, punissez-les et séparez-les dans les couches* »

Ceux qui soutiennent que la punition corporelle est un moyen éducatif arguent en ce sens du hadith prophétique ci-dessus. Or voici les leçons éducatives qu'on peut tirer de ce hadith :

1- Habituer l'enfant à la prière dès l'âge de sept ans.
Le Prophète ﷺ l'a bien précisé dans ce hadith. Le but de cet ordre est d'initier l'enfant à la prière afin qu'il ne trouve aucune difficulté à l'accomplir une fois pubère.

2- La grande réceptivité de l'enfant à l'âge de sept ans.
Sept ans est l'âge idéal où il convient d'initier l'enfant à la prière. A cet âge, l'enfant développe un grand désir d'apprendre. Il a une bonne capacité de concentration. Les paroles des adultes, surtout son père, sa mère et ses instituteurs constituent une référence pour lui, il est attentif à ce qu'ils disent et il les imite.

3- La gradation est une règle dans l'éducation et une nature humaine.
Trois ans de travail, d'encouragement, d'initiation et d'entraînement sont suffisants pour que l'enfant se familiarise avec la prière et l'intègre progressivement dans sa foi, sa conduite et ses activités quotidiennes.

4- La responsabilité des adultes.
Aucun des professionnels de l'éducation n'a inversé l'équation en demandant : « Quand est-ce qu'il faut punir les parents ? ». Cette question me paraît plus intéressante que la question courante : « A quel âge faut-il punir les enfants ? ».
Ibn Taymiyya a dit des propos judicieux à ce sujet : « Il est du devoir de tout homme ayant à exercer une autorité sur des gens

d'ordonner à ceux-ci de prier, y compris ceux qui n'ont pas encore atteint l'âge de la puberté. Le Prophète ﷺ a dit en effet : « *Ordonnez-leur d'accomplir la prière à l'âge de sept ans. S'ils se montrent réticents à l'âge de dix ans, punissez-les et séparez-les dans les couches* ». Celui qui a à sa charge un jeune domestique, ou un orphelin, ou son propre enfant, mais qui ne lui ordonne pas d'accomplir la prière, qu'il sache que la loi punit le maître qui ne s'acquitte pas de cette mission envers ceux qui sont sous son autorité. Le juge peut même infliger une peine sévère à cause d'une telle négligence, car il a désobéi à Allah et à Son Envoyé ».[35]

5- L'éducation c'est la répétition.
Un enfant qui prie depuis l'âge de sept ans jusqu'à l'âge de dix ans a déjà accompli la prière 5475 fois et a respecté le moment qui y est assigné 5475 fois. Or cette fréquence est suffisante pour initier l'enfant à la prière, en imprégner sa foi et sa conduite et l'intégrer dans sa gestion de son temps.

6- La prière est un modèle et une référence pour inculquer à l'enfant tout comportement noble.
La prière constitue le squelette de la religion. Sans la prière, il n'y a ni foi ni religion. C'est pourquoi le Prophète ﷺ l'a citée en particulier dans son hadith sur l'éducation de l'enfant. La question qu'on devrait se poser : « Si un enfant de trois ans se montre indocile, ou très agité, ou commet des dégâts dans la maison, a-t-on le droit de le frapper ? ». Le hadith prophétique sur la prière peut nous servir de référence dans notre comportement vis-à-vis de la mauvaise conduite de l'enfant. Nous pouvons en déduire à ce titre les points suivants :

a- Il faut trois années d'apprentissage, d'initiation et d'emploi de la technique des renforcements pour inculquer à l'enfant une

[35] Recueil de fatwas d'Ibn Taymiyya *-majmû` al-fatâwâ-* (22/50).

bonne conduite. Recourir à la punition corporelle sans passer par cette étape est une erreur.

b- Il ne faut pas infliger une punition corporelle à un enfant de moins de dix ans. Les punitions corporelles, à cet âge, peuvent donner, dans l'immédiat, des résultats satisfaisants aux parents, mais leurs effets néfastes, à long terme, sont nombreux.

c- Il faut savoir qu'à cet âge, l'enfant est turbulent et agité. Il constitue certes une source de fatigue et d'épuisement pour les parents, mais il ne faut pas qu'ils le frappent à cause de cela. Souvent l'impatience des parents et leur ignorance de cette étape ne font qu'aggraver la situation et les rendre plus stressés encore. En effet, depuis l'acquisition de la marche, l'enfant est dans une exploration permanente de l'espace et donc souvent en mouvement. Il s'agit d'une étape essentielle dans sa vie, car il a besoin de s'exprimer et de laisser libre cours à sa créativité. Aux parents de gérer cette étape avec sagesse, amour, compréhension et sans violence.

7- L'Envoyé d'Allah n'a jamais frappé un enfant.
Il faut comprendre le hadith sur la punition de l'enfant qui néglige la prière dans sa globalité tout en se rappelant que, comme en témoigne `Â'isha ﷺ, le Prophète ﷺ n'a jamais frappé personne de ses mains, ni une femme, ni un domestique, sauf lors du djihad pour la cause d'Allah où il combattait des hommes. Jamais il ne s'est vengé de quelqu'un qui lui avait fait du tort, sauf lorsque les interdits sacrés institués par Allah avaient été profanés. Alors il se vengeait pour Allah.[36]

8- L'emploi de la sévérité suscite de la peur dans leur petit cœur. Quand ils auront peur de nous, ils ne prieront qu'en notre présence. Or cela est incompatible avec la technique qui consiste à les initier à la piété à l'égard d'Allah et Sa crainte en secret et en

[36] Hadith rapporté par Muslim.

public. Elever un enfant avec la sévérité risque de le porter au mensonge et à la fraude et le pousse à manifester un autre sentiment que celui qu'il éprouve réellement. Cela peut même provoquer des complexes chez lui.

9- L'emploi de la sévérité les dispose à la paresse et détruit chez eux le courage, la sincérité, la patience, la confiance en soi, ainsi que d'autres nobles caractères.

Dans son ouvrage « *al-muqaddimah* », Ibn Khaldûn a dit : « Employer trop de sévérité dans l'enseignement des enfants leur est très nuisible, surtout quand ils sont encore en bas âge, parce que cela donne à leur esprit une mauvaise disposition. Les enfants qu'on a élevés avec sévérité, tant les écoliers que les domestiques, en sont tellement accablés que leur esprit se rétrécit et perd son élasticité. Cela les dispose à la paresse, les porte au mensonge et au *khubth*, terme qui signifie : « manifester un autre sentiment que celui qu'on éprouve réellement », et cela dans le but d'éviter un châtiment. Ils apprennent ainsi la dissimulation et la fraude, vices qui leur deviennent habituels et comme une seconde nature. Les sentiments qui font honneur et qui naissent dans la civilisation et dans la vie sociale, - sentiments qui portent à repousser les attaques d'un ennemi et à se défendre soi et sa famille- s'affaiblissent tellement chez les gens ainsi élevés, qu'ils deviennent incapables d'agir pour eux-mêmes et restent à la charge d'autrui. Bien plus, leur âme se détend au point qu'elle ne cherche pas à s'orner de belles qualités ou à se distinguer par de nobles caractères ; elle s'arrête dans cette voie avant d'arriver au terme de sa course, au but que la nature humaine, dont elle participe, lui avait assigné ; ensuite elle recule pour descendre au dernier degré de la bassesse ».[37]

10- Notre but est qu'ils continuent à prier toute leur vie. Or une relation parent/enfant fondée sur la peur, le ressentiment et la

[37] Les prolégomènes -*muqaddima*- d'Ibn Khaldûn.

répulsion -qui sont les conséquences de l'emploi de la sévérité- ne donnent que des résultats à court terme et risquent de se rompre à tout moment.

11- La punition corporelle est un aveu d'impuissance.

Frapper un enfant pour sa turbulence, son agitation ou son entêtement est une méthode d'éducation incorrecte employée par des parents démissionnaires, qui font preuve de précipitation, qui sont incapables de contenir leur colère et de contrôler leur réaction et qui manquent de moyens efficaces d'éducation.

Comment faire désirer la prière à nos enfants ?

Il faut savoir que lorsque l'enfant se trouve dans une ambiance religieuse dès les premières années de sa vie, durant laquelle il s'habitue à voir ses parents et ses frères et sœurs pratiquer les différents cultes prescrits et discuter ensemble à leur sujet, il est certain qu'il les aimera et ne les négligera pas une fois adulte, au contraire son lien avec Allah se consolidera davantage et il les accomplira avec assiduité, abnégation et par amour d'Allah.

L'ambiance religieuse au sein de la famille constitue une clé qui ouvre le cœur de l'enfant à l'amour de la prière. L'idéal est de faire du Coran la plaque tournante de cette ambiance. Le shaykh Dr Farîd Al-Anṣârî propose à cette fin un projet qu'il a appelé « Assemblées Coraniques Familiales ». Voici ce qu'il a dit[38] :

« Les « assemblées coraniques familiales » servent avant tout à construire la famille sur les notions de l'Islam, à initier nos enfants, quel que soit leur âge, aux réalités intérieures de la foi, à les élever selon les valeurs de la religion et à leur apprendre comment se parer de ses qualités esthétiques. En effet, l'éducation fondée sur la voie du Coran est le moyen efficace le plus simple et le plus sûr qui permet au père, à la mère et à leurs enfants de profiter efficacement des finalités élevées du Coran et de se parer de ses qualités nobles. La raison en est que le Coran éduque l'âme de manière spontanée, sans peine ni complications, à condition que le père et la mère se chargent eux-mêmes de la direction de l'« assemblée coranique » dans la maison. Certainement, ils en récolteront des fruits de bien et de bénédiction auxquels ils ne s'attendaient pas, tout simplement parce qu'il s'agit de la voie de la prime nature *-fiṯra-* qui permet aux valeurs morales et aux réalités spirituelles de fleurir au fond

[38] Voir notre traduction de son livre que nous avons intitulée « Autour du Coran, *Pratique des assemblées coraniques de l'assimilation à la purification* » Edition ALMADINA.

des âmes comme pousse l'herbe dans les champs. Pour prendre conscience de l'importance des parents dans le travail éducatif, tu n'as qu'à méditer le hadith suivant : l'Envoyé d'Allah ﷺ a dit : « *Tout nouveau-né naît selon la prime nature et ses parents font de lui un juif, un chrétien ou un zoroastrien* »[39]. Or, comme nous le savons, l'Islam est la religion de la prime nature, le Coran est le registre de la prime nature, et donc parmi les voies de réforme, c'est le Livre d'Allah qui est la voie la plus apte à élever l'individu et la société selon la prime nature, à les reconstruire selon les normes de celle-ci et à les orienter s'il leur arrive de dévier ou de s'égarer.

Les Compagnons de l'Envoyé d'Allah ﷺ ne mettaient jamais leurs épouses et leurs enfants loin du Coran, mais ils les faisaient participer aux assemblées coraniques, partageaient avec eux les « mets » du Coran et vivaient ensemble les moments où ils en cueillaient les sagesses et en sondaient les secrets. Tel est le cas du noble Compagnon Anas b. Mâlik ؓ qui, quand il terminait la récitation du Coran, réunissait sa femme et ses enfants et invoquait Allah pour eux.[40]

Combien de mères se sont fatiguées à rechercher la méthode idéale d'éducation des garçons et des filles. Dieu sait combien de temps elles ont passé dans la consultation de livres d'éducation, devant les émissions télévisées qui traitent de ce sujet, à contacter des savants et dans la consultation des experts en éducation pour obtenir le remède efficace contre la déviation de leurs garçons, la rébellion de leurs filles, l'entêtement de leurs époux, la dureté de leur belles-mères, etc. Et lorsqu'on propose à l'une d'elles des théories comportant des mots techniques bien

---

[39] Hadith rapporté par Al-Bukhârî et Muslim.

[40] Hadith cité par al-Haythamî dans « *majma` az-zawâ'id* » sous le chapitre « L'invocation lors de la clôture de la récitation du Coran ». Il a dit : « Ce hadith est rapporté par aṯ-Ṯabarânî. Les rapporteurs qui forment sa chaîne de transmission sont dignes de foi » (n° 11713).

choisis et des raisonnements éblouissants, elle est pénétrée par une joie immense, comme si elle venait de découvrir un trésor précieux. Mais dès qu'elle commence à les mettre en application, elle s'aperçoit que la notion d'éducation qu'elle y cherchait n'est qu'un mirage et qu'il ne s'agit en fin de compte que de paroles creuses et de théories inefficaces.

Nous ne pouvons que nous étonner de celui qui cherche le remède psychologique et la solution des problèmes de la société à l'autre bout du monde alors que le remède prescrit par Allah est plus près de lui que sa veine jugulaire, à savoir le Coran. Connais-tu vraiment ce que signifie le Coran ? As-tu essayé de découvrir le monde du Coran ? Telle est la question qui suscite de l'amertume et à laquelle la majorité des gens se sentent capables de répondre par l'affirmative, alors que la plupart d'entre eux ont tort.

Pour consolider les relations conjugales et élever parfaitement les enfants, il n'y a pas un moyen plus utile et plus efficace que l'étude collective du Coran et sa récitation. Une maison dans laquelle les membres de la famille étudient le Coran entre eux et le récitent est une maison que le démon ne peut jamais habiter ».

Méthode pratique[41]

Il faut qu'il y ait dès le départ un accord entre les parents sur une politique commune qui est claire et bien définie, afin de ne pas provoquer un éparpillement chez l'enfant et réduire ainsi à néant tous les efforts déployés. Si par exemple l'enfant a accompli la prière et que sa mère lui offre un cadeau, il ne faut pas que son père lui apporte juste après un cadeau plus cher alors qu'il n'a rien fait pour le mériter. Cela rend dérisoire à ses yeux la récompense qu'il a reçue pour la prière. De même, si sa mère lui inflige une punition pour sa négligence de la prière, il ne faut pas que son père cherche à le consoler et à le satisfaire. Au cas où il faudrait récompenser l'enfant, il faut que ce soit immédiatement afin que l'enfant ressente les fruits de son œuvre, car les enfants ont tendance à oublier. Si par exemple il a accompli les cinq prières à l'heure, il faut qu'il soit immédiatement récompensé afin qu'il perçoive les fruits de son œuvre, car les enfants oublient vite. Si l'enfant a par exemple accompli à l'heure les cinq prières prescrites, la récompense doit être juste après la prière du *`ishâ'*.

1- L'étape de l'enfance entre trois et cinq ans :

A cet âge, l'enfant a besoin d'amour, d'assurance et d'attention. Assurons-nous d'en fournir suffisamment à notre enfant. Le sourire, l'accolade, les câlins, la caresse sur la tête, ainsi que d'autres renforcements sont une excellente source d'attention qui prédisposent notre enfant à nous écouter et à nous obéir. Autrement, il risquera de solliciter notre attention de manière négative en criant, en bousculant, en ne respectant pas les règles et si nous l'invitons à prier avec nous, il refusera de nous obéir.

Cette étape se caractérise par le développement d'une certaine autonomie et par l'imitation. Ainsi lorsque nous nous apprêtons à faire la prière et que l'enfant se tient près de nous pour nous

---

[41] Méthode inspirée des travaux de la chercheuse égyptienne Amany Zakaria Al-Ramadi.

imiter, il est erroné de lui dire : « Vas jouer ailleurs » sous prétexte qu'il n'a pas encore atteint l'âge où il peut prier. Laissons-le répondre spontanément à l'appel de sa saine nature et développer son autonomie sans intervention de notre part -sauf s'il se met en situation de danger-.

S'il se met à côté de nous pour nous imiter dans la prière et qu'ensuite il ne nous suit pas et se met à jouer, ou à tourner autour de nous, ou monter sur notre dos, laissons-le faire et ne lui faisons pas de remarque. Une fois, alors que le Prophète ﷺ était prosterné dans la prière, al Husayn avait grimpé sur son dos, et l'Envoyé d'Allah ﷺ prolongea alors la prosternation. Quand il termina la prière, les fidèles dirent : « Ô Envoyé d'Allah, dans ta prière tu as fait une prosternation spéciale, tu l'as faite très longue au point que nous avons pensé qu'un incident t'était arrivé ou qu'Allah avait fait descendre sur toi des versets du Coran ». Il a dit : *« Rien de tout cela n'est arrivé. C'est tout simplement que mon enfant ayant grimpé sur mon dos, je n'ai pas voulu l'en faire descendre tout de suite. J'ai alors attendu jusqu'à ce qu'il ait terminé à son aise son jeu ».*[42]

S'il pleure et qu'il n'y a personne avec nous qui peut s'occuper de lui, nous pouvons le porter tout en continuant de prier.

Il convient à cet âge d'apprendre à l'enfant à répéter les formules prononcées par le muezzin, certaines formules de *dhikr* et certaines sourates courtes comme la sourate *L'ouverture -al-fâtiha-*, la sourate *La Consécration -al-ikhlâs-* et les deux sourates protectrices (S.113 et S.114).

2- L'étape comprise entre cinq et sept ans :

Durant cette étape, il est important de se concentrer sur la communication par la parole avec l'enfant. Nous lui parlerons avec des mots simples et des exemples des noms d'Allah en lui

[42] Hadith rapporté Muslim (4/857).

expliquant qu'ils sont tous beaux, de Son pouvoir, de Ses bienfaits, de Sa miséricorde et de Son amour de Ses serviteurs. Parallèlement, nous lui parlerons de la nécessité d'obéir à Allah et que cette obéissance est simple, belle et agréable.

Autre technique sur laquelle il faut se concentrer c'est le modelage en présentant à l'enfant un modèle concret de la manière de prier. L'enfant apprendra alors par observation et imitation. En regardant ses parents prier plusieurs fois par jour, il les imitera et adoptera la prière comme un comportement habituel et quotidien. Pour éviter cependant que la prière ne se transforme chez lui en une pratique routinière vidée de son esprit qui est l'adoration, il faut accompagner cela de l'inculcation de la profession de foi musulmane à travers des histoires, comme l'histoire de l'Ascension nocturne du Prophète ﷺ et de la révélation au septième ciel de l'ordre d'accomplir la prière, ainsi que les histoires qui racontent comment les Compagnons aimaient la prière et s'y attachaient.

Pour éviter que l'enfant ne vive cette expérience comme un choc, il est conseillé de lui préparer de l'eau tiède pour ses ablutions quand il fait froid. Nous lui préparons, pour l'encourager, un tapis de prière personnel.

L'initiation à la prière doit être graduelle. Nous habituerons l'enfant à accomplir une seule prière prescrite, puis deux, puis trois, etc., sans exiger de lui qu'il les fasse à l'heure. Ensuite nous l'initierons à les accomplir au début des intervalles de temps qui leur sont assignés. Ensuite nous l'exercerons aux prières surérogatoires si nous constatons qu'il en a la capacité et qu'il est motivé.

Durant cette étape, il convient aussi d'employer la technique du renforcement positif. Evitons les renforcements trop artificiels comme les cadeaux et l'argent, si ce n'est de temps à autre, et privilégions les renforcements naturels empreints de foi et d'amour, afin que l'enfant apprenne à bien agir parce que c'est payant socialement et qu'il en sera récompensé par Allah et non pas parce que c'est payant financièrement.

Les renforcements peuvent être verbaux du genre : « Mon enfant est quelqu'un de bien, il obéit à son Seigneur », « Sais-tu, cher enfant, que lorsque tu pries, tu avances de plusieurs pas vers le Paradis », « Maintenant que tu as prié, cher enfant, Allah sera content de toi ».

Ils peuvent être non verbaux comme le fait d'emmener son enfant à la mosquée. Il sera doublement content ; d'une part d'être en compagnie de son père/sa mère et, d'autre part, parce que c'est une occasion de sortir dehors. Avant de l'y emmener, il faut cependant lui apprendre quelques règles relatives à la mosquée, des règles relatives à la purification comme la manière de se nettoyer après miction, la nécessité de veiller à la propreté de ses habits, les ablutions, etc. Il vaut mieux éviter de lui faire porter des chaussures avec des lacets parce qu'à son âge, c'est long et compliqué à faire et à défaire.

Le shaykh Ri<u>d</u>â <u>S</u>amadî a dit : « Il y a une question qui n'est pas sans gravité concernant ce sujet, c'est l'implantation de l'amour de la mosquée dans le cœur de l'enfant et l'imprégnation progressive dans son esprit de l'attachement à ce lieu de culte. Le bon moyen d'y parvenir est d'assurer aux petits un environnement d'affection et de joie à travers les diverses activités de la mosquée, de supporter leurs erreurs et d'utiliser la manière douce pour punir les fautifs d'entre eux.

L'amour de la mosquée s'était certes ancré dans mon cœur depuis que j'étais tout petit, mais s'étaient également ancrés dans ma mémoire des visages effrayants qui ne connaissaient comme solution à l'agitation des enfants que la réprimande et l'expulsion, alors que la majorité de ces enfants venaient à la mosquée poussés par leur prime nature saine et parce qu'ils étaient attirés par l'aspect extérieur des hommes vertueux qui la fréquentaient.

Que ces gens-là craignent Allah ! Car en agissant ainsi, ils élèvent des obstacles sur le chemin d'Allah. Il doit sûrement y avoir des enfants qui détestent la mosquée et d'autres qui y prient juste parce qu'ils ont été frappés une fois au milieu des orants, ce qui crée dans leur esprit un complexe psychoaffectif difficile à guérir.

Il faut toutefois préciser qu'amener souvent à la mosquée les enfants qui n'ont pas encore atteint l'âge de raison, ne relève pas de la Sunna, mais ce que la Sunna recommande, c'est de le faire de temps à autre. Quant à l'enfant doté de raison, capable de faire la part des choses, il faut lui apprendre les règles de bienséance qu'il doit observer dans la mosquée et les lui rappeler avant de l'y emmener ».[43]

Cette technique peut être graduelle. Ainsi au fur et à mesure que l'enfant maîtrise la première étape (l'accomplissement d'une seule prière), nous le récompensons et nous passons à l'étape suivante jusqu'à ce qu'il parvienne à accomplir les cinq prières canoniques au début des moments qui leur sont assignés.

La technique du coloriage de l'arbre :

Voici une méthode pratique de l'initiation de nos enfants à la prière et qui convient aussi aux enfants qui ont plus de sept ans. Il s'agit de l'arbre de la prière pour une semaine comme vous pouvez le voir dans le dessin ci-dessous :

[43] « Trente moyens de servir la religion » p. 289-290.

L'arbre de prière pour la semaine

Chaque branche= un jour Chaque feuille=une prière

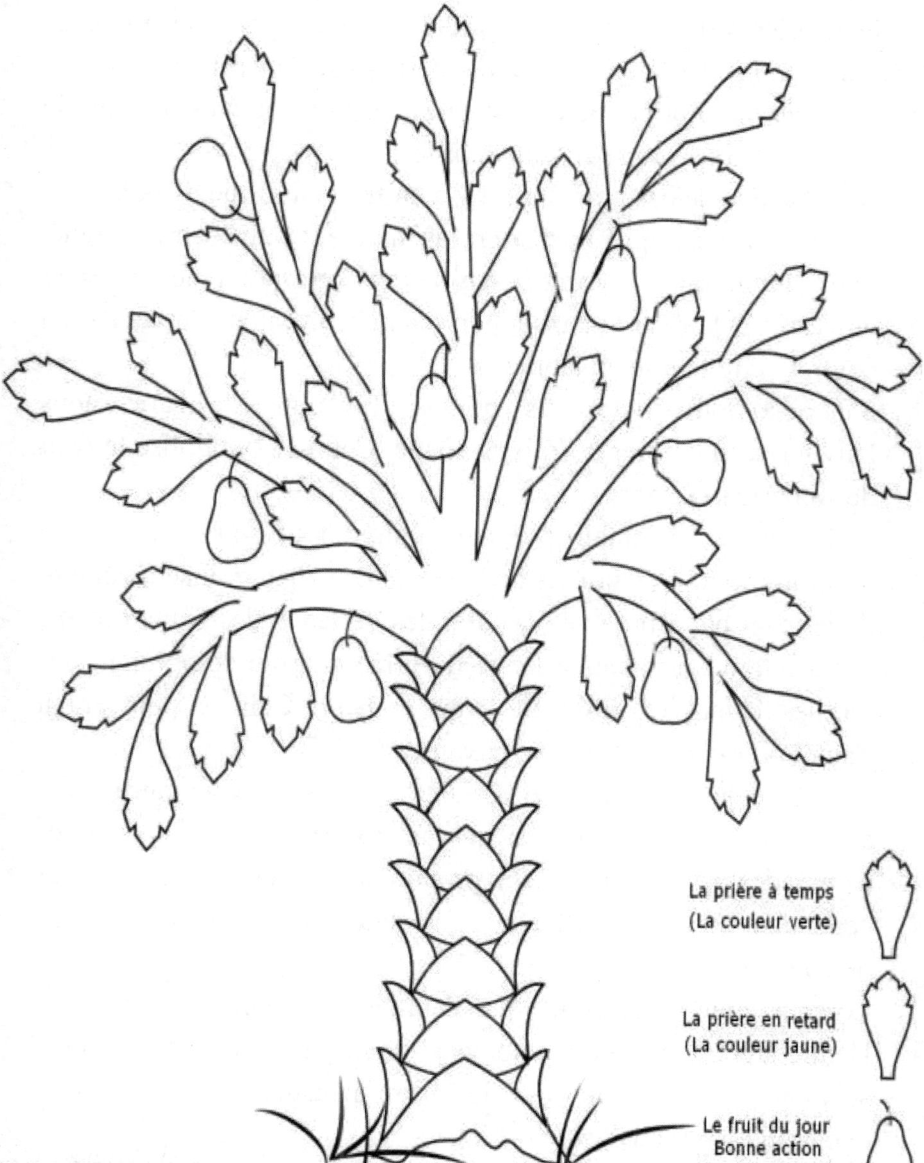

l'enfant colorie les feuilles sous la direction des parents

Explication :

Comme vous pouvez le constater, c'est un arbre composé de sept branches qui correspondent aux sept jours de la semaine. Vous pouvez marquer sur chaque branche le nom du jour (le lundi, le mardi, le mercredi, etc.).

De chaque branche poussent cinq feuilles qui correspondent aux cinq prières quotidiennes (la prière de l'aube *-fajr-*, la prière du midi *-ẕuhr-*, la prière de l'après-midi *-`aṣr-*, la prière du soir *-maghrib-* et la prière de la nuit *-`ishâ'-*). Vous pouvez marquer le nom de chaque prière sur une feuille.

Sur chacune de ces branches, il y a un fruit en forme de poire.

Si l'enfant accomplit une prière au moment qui lui est assigné, nous l'inviterons à colorer la feuille qui correspond à cette prière en vert. S'il la retarde par rapport à son heure, nous l'inviterons à colorer cette feuille en jaune.

S'il accomplit toutes les prières du jour à l'heure, nous l'inviterons à colorer le fruit en rouge. Celui-ci symbolise le fruit de son travail parfait.

A la fin de la semaine, il aura coloré tout son arbre. S'il a accompli toutes les prières de la semaine à l'heure, il sera content de voir un bel arbre avec des feuilles vertes et des fruits rouges. S'il a retardé certaines prières, il verra un arbre comportant des feuilles jaunes et des fruits sans couleur. Cela le poussera à s'améliorer dans la semaine suivante.

Pour l'amener à s'améliorer davantage, nous pouvons faire appel à l'esprit de compétition en invitant ses frères et sœurs ou ses camarades à avoir chacun son propre arbre à colorer. A souligner cependant qu'il faut veiller à ce que cette concurrence ne crée pas de conflits entre les enfants.

Lorsque nous constatons que l'enfant accomplit ses prières à l'heure durant plusieurs semaines, nous passons alors à l'étape suivante qui est le coloriage de l'arbre mensuel de la prière (voir le dessin ci-dessous).

L´arbre mensuel de la prière

Chaque grande branche : une semaine
Chaque petite branche : un jour
Chaque feuille : une prière

3- L'étape comprise entre sept et dix ans :

A cet âge, on constate un changement du comportement des enfants vis-à-vis de la prière. Ils continuent certes de prier, mais ils manifestent un manque d'assiduité, de la paresse, de la réticence ou des faux-fuyants. Cela est normal parce que durant cette étape, ils obéissent difficilement aux ordres. D'où la nécessité d'agir avec sagesse. Nous éviterons les questions directes du genre : « As-tu accompli la prière du *`asr* ? ». Des questions de ce genre les pousseraient à mentir et nous pousseraient à réagir soit par des cris et des hurlements, soit en nous montrant indifférents bien que nous sachions qu'il ment. Le mieux est de l'inviter à prier par une indication ou un appel en disant par exemple : « Ô les enfants ! C'est l'heure de la prière du *`asr* ! ». S'il nous dit qu'il a déjà prié dans sa chambre et que nous savons qu'il ment, nous lui dirons calmement et avec du sourire : « Viens alors accomplir la prière avec nous. Elle sera pour toi une prière surérogatoire. De cette manière, tu fais répandre la bénédiction dans ta chambre et là où nous prierons ensemble ».

Si le moment de la prière approche de son expiration et que l'enfant n'a pas encore prié, nous nous tiendrons debout près de lui et nous lui dirons : « J'attends une chose importante et il faut qu'elle soit accomplie avant que ce ne soit trop tard ». Ainsi sans menace directe et sans cris, l'enfant comprendra et accomplira sa prière.

Il ne faut jamais oublier la technique des renforcements positifs. Nous expliquerons à notre enfant que son assiduité à la prière est la vertu qui nous plaît le plus chez lui. Lorsqu'une mère dit à ses filles : « Venez les filles ! Nous allons accomplir la prière ensemble », cela les motive énormément. Quant aux garçons, le fait de les inviter à accomplir la prière commune dans la mosquée les encourage à la faire, car c'est une occasion pour eux de sortir et de rencontrer leurs amis. Pour garantir leur sortie à la mosquée, nous pouvons les charger de certaines commissions.

Nous devons faire comprendre à l'enfant que le jour où il atteindra sept ans est un événement important de sa vie. Nous pouvons même fêter ce jour comme étant le jour qui marque le début de l'étape de l'assiduité à la prière. Nous lui annoncerons cette fête un ou deux moins auparavant afin qu'il scrute l'arrivée de ce jour qui restera gravé dans sa mémoire et le motivera toute sa vie.

A cet âge, nous apprendrons à l'enfant les règles relatives à la purification, la manière de prier avec plus de détails et certaines formules de *dhikr* qu'il doit prononcer au cours de la prière. Nous l'initierons à accomplir les cinq prières quotidiennes à l'heure. Une fois qu'il s'est habitué à les faire juste après l'appel du muezzin, nous lui apprendrons quelques prières surérogatoires en lui exposant leurs mérites et qu'il a le choix entre les faire maintenant ou quand il atteindra l'âge de la puberté.

Voici quelques moyens qui aident l'enfant de cet âge à accomplir assidûment la prière :

1- Il faut que l'enfant voie toujours que ses parents sont vigilants concernant la question de la prière. S'il leur demande l'autorisation d'aller se coucher avant la prière du *`ishâ'*, il doit entendre aussitôt cette remarque de son père : « Il ne reste que peu de temps pour la prière du *`ishâ'*. Nous prierons ensemble et tu iras dormir par la suite ». S'il demande à ses parents la permission d'aller à un club ou visiter des proches, alors que le moment de la prière du *maghrib* approche, ils doivent lui dire : « Accomplis d'abord la prière du *maghrib* avec nous et tu pourras sortir après si tu veux ».

Parmi les moyens qui permettent d'intégrer la prière dans leur conscience, il y a le fait de lier les rendez-vous aux moments de la prière. Ainsi quand ils entendent leurs parents dire : « Nous partirons au marché après la prière du *`asr* » ou « Untel viendra nous rendre visite après la prière du *maghrib* », ils demeurent attentifs aux heures de la prière.

2- L'Islam incite à la pratique d'exercices physiques parce qu'ils permettent d'entretenir une bonne condition physique. Notre Prophète ﷺ a d'ailleurs dit : *« Le croyant fort est meilleur au regard d'Allah et plus aimé de Lui que le croyant faible »*[44]. Seulement, il faut contrôler ses enfants de manière à ce que le jeu ou la pratique d'un sport ne se fasse pas au détriment de l'accomplissement de la prière à son heure.

3- Si l'enfant tombe malade, nous lui expliquerons qu'il ne doit pas renoncer à la prière et qu'il doit prier comme il peut, afin qu'il prenne conscience qu'il n'y a aucune excuse qui justifie l'abandon de la prière et qu'il grandisse dans cet état d'esprit.

Lors des voyages, nous lui apprenons la licence de la réduction à deux *rak`a*s des prières comportant quatre *rak`a*s -*qasr*- et de l'accomplissement des deux prières du jour (le *zuhr* et le *`asr*) - ou celles de la nuit (le *maghrib* et le *`ishâ'*)- dans le moment assigné à l'une d'elles -*jam`*- en attirant son attention vers la faveur divine qui réside dans Sa prescription de cette licence et vers le fait que l'Islam est composé de lois empreintes de miséricorde. Au voyageur et au malade qui adorent Allah, le Prophète ﷺ apporte cette bonne nouvelle : *« Lorsque le serviteur [d'Allah] tombe malade ou part en voyage, il verra s'inscrire à son actif toutes les œuvres qu'il avait coutume d'accomplir du temps où il était chez lui et en bonne santé »*[45].

4- Nous implanterons en l'enfant le courage d'inviter ses camarades à accomplir la prière et le fait de ne pas se sentir gêné d'interrompre une communication téléphonique ou une

[44] Hadith rapporté Muslim (4/857).
[45] Hadith rapporté Al-Bukhârî.

conversation avec quelqu'un ou une autre occupation pour ne pas manquer la prière dans la mosquée. Nous veillerons en même temps à éduquer son âme de manière à ce qu'il ne fasse pas ostentation de sa prière ou se moque de ses camarades qui négligent la prière et qu'il faut plutôt qu'il les appelle à faire le bien. Nous lui apprendrons à louer Allah de l'avoir guidé et à se montrer humble à Son égard.

5- Il est important de procéder par gradation en les initiant d'abord à accomplir les prières obligatoires et ce n'est qu'une fois qu'ils se montrent assidus que nous les initierons à accomplir les prières surérogatoires.

Nous pouvons nous aider de différents moyens d'apprentissage licite comme l'apprentissage par des dessins (voir la technique du coloriage de l'arbre) ou par vidéo.

Quand nous apprenons le calcul à nos enfants, nous leur citons des exemples en rapport avec la prière. Nous leur demandons par exemple de calculer le nombre de *rak`a*s qu'ils effectuent en une journée lorsqu'ils accomplissent les cinq prières prescrites.

Comme autre exercice le fait de calculer combien de pas fait un fidèle pour se rendre à une mosquée située à cinq cent mètres de chez lui sachant qu'il traverse avec un seul pas quarante centimètres. Une fois qu'ils calculent le nombre de pas, nous leur apprenons qu'Allah accorde pour chaque pas dix bonnes actions et nous leur demandons combien ce fidèle recevra comme bonnes actions.

En procédant de la sorte, nous n'aurons même pas recours à la punition corporelle quand l'enfant atteindra dix ans.

Comme toute autre conduite que nous voulons inculquer à nos enfants, l'assiduité à la prière nécessite un programme d'apprentissage graduel. L'Envoyé d'Allah ﷺ l'a bien précisé dans sa parole : *« Apprenez la prière à vos enfants dès l'âge de sept ans. S'ils se montrent réticents à l'âge de dix ans, recourez à la punition »*[46]. En effet, le verbe « Apprenez » suppose un programme constitué d'un certain nombre d'étapes bien planifiées et qui dure trois ans (de sept à dix ans), c'est-à-dire un temps suffisant pour que l'enfant s'habitue à la prière et l'intègre comme une conduite. La punition n'intervient que pour ramener l'enfant à une conduite déjà acquise. Le facteur temps est primordial dans l'acquisition d'une habitude et il ne faut en aucun cas le négliger. Se contenter de les orienter par des conseils et des instructions n'est pas suffisant. Cette mission nécessite une pédagogie, une gradation dans l'initiation et un temps suffisant. Il faut savoir aussi que les motivations qui poussent l'enfant à acquérir la conduite voulue sont d'une importance majeure. Ces motivations ne peuvent naître en l'enfant que si nous agissons très tôt et qu'après qu'il ait accumulé un certain nombre de vertus favorables.

Si, par contre, les parents n'entreprennent la tentative d'initier leur enfant à la prière qu'après l'âge de dix ans, ils auront besoin de plus de temps, d'effort, de sagesse, de sang-froid et de patience que ceux qui ont commencé tôt. La raison en est que l'état psychoaffectif de l'enfant et ses intérêts changent avec l'âge.

A cet âge, l'enfant se lie d'amitié avec ses pairs, exprime le sens de solidarité et partage des secrets avec ses amis. Il est important de s'enquérir des qualités de ses amis et voir s'ils prient ou non. Il éprouve le besoin de jouer et de se divertir, ce qui peut le distraire de la prière.

La préadolescence se fait déjà sentir à cet âge. L'enfant cherche une certaine autonomie, deviendra conscient de sa personne, prendra soin de son aspect extérieur, et a besoin que ses parents soient conscients de ses inquiétudes, ses soucis et ses problèmes.

---

[46] Hadith rapporté par Al-Bazzâr sur l'autorité d'Abû Hurayra. Voir « *sahîh al jâmi`* » (n° 4026).

Il ne faut donc pas que ses parents concentrent leur intérêt sur sa prière et négligent l'être lui-même. Rappelons-nous qu'il n'a pas encore atteint l'âge de l'assujettissement à la prière et que l'ordre de l'accomplir dans le hadith prophétique est plus une initiation qu'un devoir légal d'obligation stricte.

Avec plus d'attention, de compréhension et de soutien à leur enfant, les parents constateront qu'avec le temps, celui-ci prendra de lui-même l'initiative d'accomplir la prière et d'adopter les conduites qu'ils souhaitent.

4- L'adolescence :

Cette étape se caractérise chez les jeunes par l'entêtement, l'indocilité, le désir de l'affirmation de soi et l'excès de l'amour propre qui pousse l'adolescent à continuer à commettre un acte blâmable en toute connaissance de cause. Quand on le rappelle à l'ordre, il devient troublé et confus du fait que la décision de renoncer à sa pratique blâmable ne provient pas de lui-même, mais sous l'influence d'autrui. Il se met alors sur la défensive et refuse d'obéir. D'où la nécessité de comprendre l'adolescent, d'être à son écoute et de le traiter avec douceur.

Voici un programme graduel qui peut durer trois mois. Cette durée peut augmenter ou diminuer selon les résultats obtenus.

- **Première étape.**

Durant cette étape qui dure au minimum trois semaines, il faut cesser toute discussion avec l'adolescent sur la question de la prière. Notre but est de lui faire oublier notre souci de le voir prier et qu'il ressente comme un poids. Avec cette nouvelle relation, il se sentira à l'aise comme s'il n'y avait entre lui et nous aucune divergence. Il reprendra alors confiance, comprendra que nous l'aimons parce qu'il est notre enfant et pas pour autre chose et que ce sont ses mauvais actes que nous refusons et pas sa personne.

En entrant en conflit avec leur enfant adolescent, les parents créent un climat de tension qui les entoure d'une barrière comparable à un fils de fer barbelé. Dès que l'enfant s'approche d'eux ou dès que ce sont eux qui s'approchent de lui pour l'orienter, il se fait mal. La situation devient telle que le moindre échange de mots avec ses parents le blesse profondément. Cette étape consiste en effet à enlever ce « fil de barbelé » qui s'interpose entre les parents et leur enfant.

- **Deuxième étape.**

Cette étape consiste à lui transmettre le message par des actes. Elle dure entre trois semaines et quatre semaines. Durant cette étape, les parents ne parlent pas de la prière à leur enfant, mais font certains actes dans le but de lui faire réfléchir. Ils peuvent par exemple poser le tapis de la prière sur sa chaise ou sur son lit ou dans sa chambre, puis de temps à autre, ils lui font entendre des messages du genre : « Où est le tapis de la prière ? Je veux prier ! », « Ah ! L'heure de la prière est arrivée ! », « Oh mon Dieu ! J'ai failli oublier la prière ! ».

Ils peuvent même lui demander : « Mon chéri ! Quelle heure est-il ? Le muezzin a-t-il lancé l'appel à la prière ? », « Chéri, combien de temps reste-t-il encore pour la prière du *ẕuhr* ? ». Ils procéderont ainsi jusqu'à s'assurer que leur enfant a oublié les pressions qu'ils exerçaient sur lui auparavant et qu'il répondait sans se gêner à ce genre de question, puis ils commencent la troisième étape.

- **Troisième étape.**

Nous l'inviterons de temps à autre et de manière naturelle et spontanée à nous accompagner à une conférence ou une assemblée qui traite du sujet de la religion en général ou de la prière en particulier. S'il refuse, nous n'insisterons pas et nous n'émettrons aucun commentaire. Nous l'y inviterons une autre fois.

En même temps, nous essaierons de tisser des liens d'amitié et de confiance avec lui et nous lui demanderons son avis sur divers sujets et petit à petit sur des choses qui relèvent de la pratique religieuse. Ainsi, par exemple, une mère pourrait dire à sa fille qui ne prie pas : « Que penses-tu de ce hidjab ? », « Je vois qu'il est assez large pour que je puisse prier en le portant. Quel est ton avis ? ».

Nous lui parlerons du discours que nous avons écouté à la mosquée, ou dans une conférence, ou à la télévision et nous lui demanderons son avis. Nous laisserons l'enfant exprimer son avis en toute liberté, sans l'interrompre, tout en l'écoutant attentivement et avec intérêt. Quand il termine, nous pouvons lui proposer notre avis sans l'imposer. Ainsi, petit à petit, nous l'amènerons à s'intéresser à la prière et à faire des recherches dans ce sens. Laissons-le acquérir lui-même des convictions vis-à-vis de la prière et évitons de commettre l'erreur de précipiter les étapes, cela risque d'entraîner des résultats inverses.

S'il commence à prier, il franchit déjà un grand pas vers son attachement à la religion. Il nous incombe en l'occurrence de l'accompagner en douceur et l'aider à s'adapter à cette nouvelle situation. Pour cela, il faut surtout éviter de critiquer sa prière et de s'arrêter sur chaque erreur de récitation du Coran, ou de mouvement, ou de posture, ou sur un geste incompatible avec l'humilité et le recueillement. Montrons-lui de manière indirecte la manière de prier et contentons-nous de corriger en douceur les grosses erreurs, c'est-à-dire celles dont dépend la validité de la prière.

Nos enfants et la mosquée[47]

Louange à Allah le Seigneur des univers. Je témoigne qu'il n'est de dieu si ce n'est Allah, Unique, sans associé. A Lui la royauté, à Lui la louange et Il est Omnipotent. Je témoigne que Mu<u>h</u>ammad est Son serviteur et Envoyé. Qu'Allah prie sur lui, ainsi que sur sa famille, ses Compagnons et ceux qui les ont suivis dans la piété.

Comme c'est merveilleux d'avoir un enfant, c'est du bonheur pour la vie. Allah a dit en effet : ﴾*Richesses et enfants ne sont que la parure de la vie de ce monde, tandis que les bonnes œuvres qui perdurent ont auprès de ton Seigneur une meilleure récompense et suscitent [dans le cœur des fidèles] une belle espérance*﴿[48].

Combien d'hommes ne recevront pas le don de la paternité et combien de femmes ne recevront pas le don de la maternité. Ils font le tour des gynécologues de leur ville et d'ailleurs et essaient toutes sortes de thérapies dans l'espoir d'avoir un enfant et d'entendre de sa bouche : « Papa » et « Maman ». Or Allah a déjà tranché d'un arrêt pris par Lui de toute éternité. Il faut savoir qu'Allah accorde un don à certains pour une raison sage et en prive d'autres pour une raison sage, car Il est le Sage, l'Omniscient. Il a dit en effet : ﴾*A Allah la royauté des cieux et de la terre. Il crée ce qu'Il veut. Il accorde à qui Il veut des filles et Il accorde à qui Il veut des garçons, ou à la fois des garçons et des filles, ou encore rend stérile qui Il veut. Il est Omniscient et Puissant*﴿[49].

---

[47] Article écrit par le shaykh Ya<u>h</u>yâ b. Mûsâ Az-Zahrânî, l'imâm de la mosquée Al-Bâzi`î dans la ville de Tabûk. Le texte en arabe se trouve dans le lien suivant http://www.saaid.net/Doat/yahia/158.htm.
[48] Coran, *al-kahf (S.18)*, 45-46.
[49] Coran, *ash-shûrâ* (S.42), 49-50.

Les hommes et les femmes qui jouissent du don de la fertilité doivent témoigner de la reconnaissance à Allah et Le louer pour ce bienfait. Allah a dit en effet : ﴿*Allah vous donne des épouses issues de vous-mêmes et à partir de vos épouses vous donne des enfants et des petits-enfants. Il vous fait attribution de choses bonnes. Alors, vont-ils croire à ce qui est faux et renier les bienfaits d'Allah ?*﴾[50].

Parmi les aspects de la reconnaissance de ce bienfait, il y a l'éducation saine de ses enfants, sinon ceux-ci ne seront pas une source de bienfait et de bénédiction, mais plutôt un fléau une source de malheur pour leurs parents. Allah a dit en effet : ﴿*Sachez que vos richesses et vos enfants sont une épreuve pour vous et qu'auprès d'Allah il y a une récompense sublime*﴾[51] et Il a dit : ﴿*Ô vous qui croyez ! Il y a des ennemis pour vous parmi vos épouses et vos enfants. Méfiez-vous-en !*﴾[52].

Nul doute que tout musulman espère que ses enfants apprennent par cœur le Livre d'Allah et deviennent des savants et des prédicateurs. C'est une très bonne chose que d'avoir cet espoir, car Allah a dit à propos des savants et du savoir : ﴿*Allah, en toute équité, témoigne qu'il n'y a pas de dieu si ce n'est Lui, et les anges et les hommes [en témoignent également]*﴾[53], ﴿*Et c'est ainsi que, de tous les serviteurs d'Allah, seuls les savants Le craignent véritablement*﴾[54], ﴿*Ceux* (les serviteurs du Tout-Miséricordieux) *qui disent : « Seigneur, accorde-nous un motif de satisfaction en la personne de nos femmes et de nos descendants et fais de nous des guides pour ceux qui Te craignent »*﴾[55].

---

[50] Coran, *an-nahl* (S.16), 72.
[51] Coran, *al-anfâl* (S.8), 28.
[52] Coran, *at-taghâbun* (S.64), 14.
[53] Coran, *Âl-`Imrân* (S.3), 18.
[54] Coran, *Fâtir* (S.35), 28.
[55] Coran, *al-furqân* (S.25), 74.

Abû Ad-Dardâ' رضي الله عنه tient les propos suivants de la bouche de l'Envoyé d'Allah ﷺ : « *Allah facilitera l'accès au Paradis à celui qui emprunte une voie pour acquérir la science sacrée. Certes les anges recouvrent de leurs ailes l'étudiant en quête de science en guise de satisfaction pour ce qu'il fait. La supériorité du savant sur le dévot est celle de la lune, la nuit où elle est pleine, par rapport aux autres astres. Les habitants des cieux et de la terre et jusqu'aux poissons dans la mer implorent le pardon pour le savant. Les savants sont bien les héritiers des prophètes. Les prophètes n'ont légué ni dirham ni dînâr. Ils n'ont légué que la science. Celui qui s'empare de cet héritage s'empare d'un bien considérable* »[56].

Contemplons le hadith suivant qui nous donne une idée des fruits de l'éducation saine des enfants : Abû Hurayra رضي الله عنه rapporte que le Prophète ﷺ a dit : « *Au Paradis, il y aura des hommes qui seront élevés à des degrés supérieurs. Ils diront : « Comment avons-nous mérité un tel privilège ? » Il leur sera répondu : « C'est grâce à vos enfants ; ils imploraient pour vous le pardon d'Allah* » »[57].

Ces textes sont censés nous inciter à inculquer à nos enfants une éducation islamique conforme aux prescriptions du Coran et de la Sunna et conforme à la voie de l'Envoyé d'Allah.

Nos enfants sont comme des graines. Pour les épanouir et en faire des hommes réformés et réformateurs, il faut les arroser avec l'« eau » du Coran et de la Sunna.

Parmi les choses auxquelles il faut donner un intérêt particulier en matière d'éducation des enfants, il y a le fait de les emmener depuis leur tendre enfance à la mosquée et les encourager à y

[56] Hadith rapporté par Ahmad, les auteurs des *sunan* et Ibn Hibbân. Le shaykh Al-Albânî le qualifie d'authentique : voir « *sahîh al-jâmi`* ».
[57] Hadith rapporté par Ibn Mâja et autres. Le shaykh Al-Albânî le qualifie d'authentique : voir *silsilatu al-ahâdîth as-sahîha* (n° 1598).

aller par les méthodes de renforcement appropriées jusqu'à les rendre attachés aux maisons d'Allah.

Certains parents sont devenus conscients de l'importance de la mosquée dans la vie de l'enfant. Ils veillent à implanter dans le cœur de leurs enfants l'amour des mosquées, les incitent à les respecter en veillant à les garder propres et à y faire preuve de sérénité. En même temps, ils les avertissent de ne pas y faire trop de bruits, de ne pas déranger les fidèles, de ne pas s'amuser à ouvrir et à fermer les portes de la mosquée, ou à appuyer sur les interrupteurs, ou à tirer les tapis, ainsi que d'autres bêtises dont nous sommes témoins dans beaucoup de mosquées. Ils leur expliquent qu'en agissant ainsi, ils perturbent la concentration et la sérénité dans le cœur des fidèles et que les mosquées n'ont été construits que pour y célébrer les rites d'Allah tels que la prière, le *dhikr* et l'invocation. Allah a dit en effet : ﴿*... en ces maisons qu'Allah a permis d'élever et qu'il y soit invoqué Son nom. Là, glorifient Sa transcendance, au matin -ghuduww- et dans les moments de crépuscule -âsâl-, des hommes que nulle affaire, nul commerce ne distraient du rappel d'Allah, de l'accomplissement de la prière, de l'acquittement de la zakât et qui appréhendent le Jour où les cœurs seront bouleversés et les yeux révulsés, dans l'espoir qu'Allah les rétribue pour le meilleur de ce qu'ils auront accompli et leur accorde un surcroît de Sa grâce, car Allah dispense Ses bienfaits à qui Il veut sans compter*﴾[58].

D'autres parents, en revanche, ne s'intéressent pas aux règles qu'il faut observer dans la mosquée et donc n'inculquent pas à leurs enfants l'éducation cultuelle qu'il faut. Bien pis, ils ne cherchent pas à savoir si leurs enfants ont prié ou non, se sont-ils rendus à la mosquée ou non et même s'ils apprennent qu'ils sont allés à la mosquée, ils ne cherchent pas à savoir s'ils y ont fait preuve d'humilité et de sérénité ou au contraire ils y ont semé le

---

[58] Coran, *an-nûr* (S.24), 36-38.

désordre. Ces parents ne craignent pas Allah dans leur comportement à l'égard de leurs enfants et trahissent la mission qu'Il leur a confiée. Or Allah a dit : ﴾*Ô vous qui croyez, ne trahissez pas Allah et Son Envoyé, car ce serait trahir sciemment la confiance placée en vous*﴿[59]. Ibn `Umar ﷺ tient les propos suivants de la bouche de l'Envoyé d'Allah ﷺ : « *Chacun de vous est un pasteur et chacun de vous est responsable de l'objet de sa garde. Le grand imâm est un pasteur et il est responsable de ses sujets. L'homme est un pasteur à la tête des affaires de sa famille et il est responsable de ceux qui sont sous son autorité. La femme est un pasteur à la tête des affaires de la maison de son mari et elle est responsable de l'objet de sa garde. Le serviteur est un pasteur chargé de gérer les biens de son maître et il est responsable de l'objet de sa garde. Le fils est un pasteur chargé de gérer les biens de son père et il est responsable de l'objet de sa garde* ».[60]

Concernant la fréquentation de la mosquée, certains points doivent être éclaircis :

- **Premier point :**

Il est du devoir du tuteur du fou d'empêcher celui-ci d'entrer dans la mosquée pour qu'il n'y commette pas des dégâts et ne nuise pas aux fidèles. Quant aux enfants, il ne faut pas les empêcher d'entrer dans la mosquée, qu'ils s'y rendent seuls ou en compagnie de leur tuteur. Seulement dans le cas où ils ne sont pas accompagnés, ils doivent atteindre un âge où ils sont capables de faire la part des choses *-tamyîz-*, c'est-à-dire au minimum sept ans.

Il existe un hadith dont les termes sont les suivants : « Eloignez vos enfants et vos fous des mosquées ». Ce hadith est d'une autorité canonique faible *-da`îf-*. Il est rapporté par Ibn Mâja et

---

[59] Coran, *al-anfâl* (S.8), 27.
[60] Hadith rapporté par Al-Bukhârî et Muslim.

At-Tabarânî. Ibn Al-Jawzî récuse son autorité. Ibn Hajar a dit à son sujet : « Il est rapporté selon des chaînes de transmission qui sont toutes défectueuses ». Le shaykh Al-Albânî le qualifie de faible.

- **Deuxième point :**

La légitimité de la présence des enfants dans les mosquées et prouvée par la Sunna prophétique. Abû Qatâda rapporte que le Prophète ﷺ a dit : *« Il m'arrive de me préparer à la prière avec l'intention de la prolonger, mais lorsque au cours de celle-ci, j'entends les pleurs d'un enfant, je l'écourte par crainte de causer du désagrément à sa mère ».*[61]

`Â'isha a dit : « L'Envoyé d'Allah ﷺ retarda une fois la prière du *`ishâ'* -c'est cette prière qu'on appelle *al-`atama-*. L'Envoyé d'Allah est resté chez lui jusqu'à ce que `Umar dise : « Les femmes et les enfants ont été gagnés par le sommeil ». Le Prophète ﷺ sortit de chez lui et dit aux fidèles dans la mosquée : *« Il n'y a personne d'autre sur terre qui attend cette prière, sauf vous.* » C'était avant que l'Islam ne se répande »[62]. Ce hadith prouve que les enfants assistaient à la prière collective dans la mosquée.

Abû Qatâda Al-Ansârî rapporte qu'il a vu le Prophète ﷺ diriger les fidèles en prière en portant Umâma, la fille de Zaynab sur ses épaules. Quand il se prosternait et quand il s'inclinait, il la déposait, et il la reprenait quand il se mettait debout [63]. Cela prouve en effet qu'il est permis de faire entrer les enfants dans la mosquée.

---

[61] Hadith rapporté par Al-Bukhârî et Muslim. Celui-ci le rapporte sur l'autorité d'Anas.

[62] Hadith rapporté par Al-Bukhârî et Muslim.

[63] Hadith rapporté par Al-Bukhârî et Muslim. Ce hadith prouve que lorsque l'enfant pleure durant la prière, il est permis de le porter tout en continuant de prier.

Il convient d'observer ici un moment d'arrêt dans lequel nous devons être sincères avec nous-mêmes. Nos enfants sont-ils comme les enfants des Compagnons et de leurs pieux successeurs ? Il existe une très grande différence entre ces deux générations. Nos enfants sont influencés par les médias qui véhiculent des idées corruptrices et dépravantes tandis que les enfants de nos pieux prédécesseurs ont été éduqués dans la conformité au Livre et à la Sunna. D'où la nécessité d'apprendre à nos enfants à magnifier le caractère sacré des mosquées et respecter leurs droits.

- **Troisième point :**

Le croyant est tenu de guider les membres de sa famille et de réformer son foyer comme il est tenu de guider sa propre personne et réformer son cœur. L'un des premiers devoirs qui incombent aux parents est d'initier les membres de leur famille à accomplir les rites obligatoires qui les lient à Allah. Comme elle est belle la vie dans un foyer dont les habitants tournent leurs cœurs vers Allah. Allah -exalté soit-Il- a dit en effet : ﴿*Ô vous qui croyez, prémunissez les vôtres et vous-mêmes contre ce Feu qu'alimentent les hommes et les pierres, et sur quoi veillent des anges rudes et inflexibles : ils ne désobéissent pas à Allah en rien qu'Il leur ordonne, ils exécutent tout ordre qu'Il leur donne*﴾[64].

Dans ce verset, Allah -Puissant et Majestueux- ordonne à Ses serviteurs croyants de remplir la mission dont ils sont chargés dans leur foyer et qui consiste en l'éducation, l'orientation et le rappel afin prémunir les leurs et leur propre âme du feu de l'Enfer.

Dans l'explication de ce verset, `Alî ﷺ a dit : « Enseignez-les et éduquez-les ». Al-Hasan Al-Basrî a dit : « Ordonnez-leur d'obéir

---

[64] Coran, *at-tahrîm* (S.66), 6.

à Allah et enseignez-leur la vertu ». Ash-Shâfi` a dit : « Il incombe aux pères et aux mères d'éduquer leurs enfants et de leur apprendre à pratiquer les ablutions et à accomplir la prière. S'ils se montrent réticents à l'âge de raison, ils doivent les punir ».

- **Quatrième point :**

Il existe beaucoup de preuves scripturaires sur l'importance de la prière et sur l'ordre aux enfants de l'accomplir. Parmi ces preuves, il y a les textes suivants :

- Allah le Très-Haut : ﴾*Ordonne aux gens de ta famille d'accomplir la prière et persévère dans cette voie. Nous ne te demandons aucune rétribution, c'est Nous qui t'attribuons et c'est la piété qui aura les plus heureuses conséquences*﴿[65].

- Allah relate l'invocation suivante d'Ibrâhîm ﷺ : ﴾*Seigneur, fais de moi [un serviteur] qui accomplit la prière, ainsi que mes descendants ! Seigneur, veuille exaucer mon invocation !*﴿[66].

- Allah relate la recommandation suivante de Luqmân à son fils : ﴾*Ô mon cher fils ! Accomplis la prière, ordonne le convenable et interdis le blâmable ! Supporte avec patience les épreuves qui t'atteignent car cela témoigne de ta force de caractère*﴿[67].

- Allah a dit à propos d'Ismâ`îl ﷺ : ﴾*Mentionne aussi dans le Coran Ismâ`îl qui était fidèle à ses promesses et qui était un Envoyé doublé d'un Prophète. Il ordonnait aux siens d'accomplir la prière et d'acquitter l'aumône prescrite, et il était agréé auprès de son Seigneur*﴿[68].

---

[65] Coran, *tâhâ* (S.20), 132.
[66] Coran, Ibrâhîm (S.14), 40.
[67] Coran, *Luqmân* (S.31), 17.
[68] Coran, *Maryam* (S.19), 54-55.

- `Amr b. Shu`ayb rapporte sur l'autorité de son père que son grand-père rapporte que l'Envoyé d'Allah ﷺ a dit : « *Ordonnez à vos enfants de prier dès l'âge de sept ans. S'ils se montrent réticents à l'âge de dix ans, punissez-les et séparez-les dans les couches* »[69]. Ce hadith ordonne à tout parent et à tout éducateur d'ordonner à ses enfants, garçons ou filles, d'accomplir la prière. Concernant la punition, elle ne doit cependant pas être sévère.

- **Cinquième point :**

Question : Est-ce qu'il relève de la meilleure manière de former les rangs le fait que les adultes soient devant et les garçons derrière ?

A cette question, le shaykh Ibn `Uthaymîn a donné la réponse suivante[70] :

Certains savants disent que les adultes doivent être directement derrière l'imâm, tandis que les garçons doivent être loin derrière. Ils arguent en ce sens de la parole suivante du Prophète ﷺ : « *Que les hommes sages et dotés de raison se placent directement derrière moi* »[71]. A mes yeux, ce raisonnement est discutable. Si les garçons prennent une place, ils en ont droit plus que quiconque. On déduit des preuves scripturaires que celui qui arrive à une place en a le droit[72]. D'ailleurs les mosquées sont les maisons d'Allah et Ses serviteurs sont égaux. Si on repousse les enfants loin derrière, ils vont se retrouver tous au fond de la mosquée et créer de l'agitation.

Repousser les garçons derrière risque d'entraîner deux dommages :

---

[69] Hadith d'une autorité canonique assez bonne -*hasan*-. Il est rapporté par Abû Dâwûd. Voir « *sahîh al jâmi`* » (n° 5868).

[70] Voir l'explication par le shaykh Ibn `Uthaymîn du livre *zâdu al-mustaqni`*.

[71] Hadith rapporté par Muslim (n° 432).

[72] Il existe un hadith qui affirme la même chose. Il est rapporté par Abû Dâwûd (n° 2071), mais sa chaîne de rapporteurs n'est pas sûre : voir *irwâ' al-ghalîl* (n° 1153).

- L'enfant détestera la mosquée, car il se sentira méprisé. Prenons le cas d'un garçon qui a fait ses ablutions dans sa maison, a porté des vêtements neufs, s'est rendu tôt à la mosquée pour prier dans le premier rang, a effectué entre-temps des *rak`as* à titre surérogatoire, puis au moment de l'*iqâma* et de l'arrivée de l'*imâm*, on lui dit : « vas derrière ! ». Imaginons l'impact psychologique que cela pourrait avoir sur lui. Son amour pour la mosquée pourrait même se transformer en haine.

- L'enfant n'oubliera jamais l'homme qui l'a fait sortir du milieu du rang et l'a poussé derrière. Il gardera toute sa vie du ressentiment pour lui.

En disant : *« Que les hommes sages et dotés de raison se placent directement derrière moi »*, le Prophète ﷺ voulait inciter ceux-là à venir tôt à la mosquée pour se placer derrière lui dans la prière et non pas à repousser les enfants derrière.

- **Sixième point :**

Dans nos mosquées, nous constatons que certains pères et certaines mères ramènent leurs enfants alors que ceux-ci sont trop jeunes pour pouvoir faire la part des choses et être conscients de l'importance de la mosquée et de son caractère sacré. Ils les laissent jouer et s'amuser comme s'ils étaient dans un parc d'attractions ou un terrain de jeux. Même s'ils parviennent à les maintenir près d'eux, il suffit que la prière commence pour qu'ils en profitent pour jouer au milieu des rangs. Ainsi ces parents encourent un double péché ; d'une part ils n'arrivent pas à se concentrer dans leur prière parce qu'ils sont inquiets de voir leurs enfants loin de leur contrôle et, d'autre part, ceux-ci troublent la concentration des fidèles. Aussi recommandai-je aux parents d'enfants en bas-âge de ne pas les ramener à la mosquée, car ils risquent d'en sortir chargés de péchés au lieu d'être récompensés.

La question suivante fut posée au shaykh Muhammad b. Sâlih Al-`Uthaymîn :

Que pensez-vous de certains fidèles qui ramenèrent leurs enfants à la mosquée, ce qui en résulte beaucoup d'agitation, empêche les fidèles de se concentrer et crée des vides dans les rangs, car au début de la prière, les enfants s'alignent comme les autres fidèles, mais peu de temps après, ils quittent les rangs et laissent des vides ? Cela arrive surtout au mois de Ramadan avec l'arrivée de femmes accompagnées de leurs enfants.

Réponse :

Si les enfants sont capables de faire la part des choses et qu'ils ne dérangent pas les fidèles, il n'est pas permis de les faire sortir de la mosquée ou de les obliger à se lever pour prendre leur place. Tout ce qu'on peut faire, c'est les séparer dans le rang si on craint qu'ils s'amusent entre eux.

Concernant les enfants qui crient, courent et perturbent les fidèles dans la mosquée, leurs parents ne doivent pas les ramener avec eux et s'ils les ramènent, on doit leur demander des les en faire sortir et les conduire chez leurs mères dans la maison, sachant que la prière de celles-ci dans leurs maisons est meilleure que leur prière dans la mosquée.

Si on ne connait pas leurs parents ou leurs tuteurs, on les fait sortir de la mosquée de manière sage et douce et non pas en les pourchassant et en criant contre eux, car cela ne fera que provoquer plus de bruit et d'agitation.

- **Septième point :**

Voici un conseil que je donne à mes frères les fidèles. Ils doivent traiter les enfants avec douceur et souplesse. Quand ils constatent qu'un enfant a commis une bêtise dans la mosquée, ils ne doivent pas les réprimander sévèrement. En effet, parmi les vertus requises dans l'empêchement du blâmable, il y a la science et la magnanimité.

Aux imâms des mosquées d'encourager les enfants à venir à la mosquée. Pour les amener à être sereins et dociles, ils félicitent et offrent des cadeaux à ceux d'entre eux qui ne font pas beaucoup de bruits et ne dérangent pas les fidèles.

Ils essaient de les occuper par l'apprentissage du Coran et des préceptes de la religion.

Il est très grave de fermer les portes des mosquées aux enfants tandis que les portes des médias leurs sont grandes ouvertes, prêtes à les accueillir pour leur inoculer leur venin destructeur et les jeter dans la perdition.

Il y a une grande différence entre un enfant élevé dans l'ambiance de la mosquée et qui inaugure sa journée par la récitation du Coran et la prière, et un enfant élevé loin de cette ambiance spirituelle et qui passe sa journée à écouter de la musique, à regarder les chaînes satellite qui diffusent des obscénités et à consulter des sites malveillants.

Une scène qui m'a plu :

Comme nous le savons, les enfants qui sont encore incapables de faire la part des choses troublent souvent l'ambiance sereine de la mosquée avec ses fidèles qui se recueillent en prière, ou qui pratiquent le *dhikr*, ou qui récitent le Coran, ou qui écoutent un prêche ou une exhortation. Certains pères et mères qui magnifient le caractère sacré de la mosquée sont conscients de cette vérité. J'ai vu une fois une mère assise avec son enfant dans une voiture garée à côté d'une mosquée au moment où l'imâm présidait la prière. A la fin de la prière, la mère tendit l'enfant à son père pour le garder à son tour et est partie à la mosquée réservée aux femmes pour y accomplir la prière. J'ai admiré ce geste de leur part et j'ai souhaité que les autres parents suivent leur exemple.

Il m'arrivait souvent de voir des familles entières qui, après avoir quitté un supermarché ou un parc d'attractions, se rendaient en foule à la mosquée, y compris des enfants en très bas-âge. Leur arrivée se faisait sentir au pas de la porte de la mosquée. Les cris et les agitations des enfants et les hurlements de leurs parents pour les faire taire perturbaient les fidèles. Ce scénario déplorable trahit un manque de pudeur et un manque de respect des maisons d'Allah et des fidèles qui les fréquentent. Où est la crainte scrupuleuse d'Allah ? Certains fidèles évitent même certaines mosquées à cause des bruits et de l'agitation des enfants. Les parents et les tuteurs de ceux-ci ne redoutent-ils pas d'encourir la menace suivante d'Allah le Très-Haut : ﴾*Qui est plus injuste que celui qui empêche que, dans les mosquées d'Allah, Son nom soit invoqué et qui entreprend de les détruire*﴿[73].

Qu'Allah nous inspire tous de suivre la bonne voie ! (fin de l'article)

[73] Coran, *al-baqara* (S.2), 114.

Un comportement qui ne convient pas

Je tiens à signaler que certains fidèles réagissent d'une manière inappropriée face aux cris et à l'agitation des enfants. Ils manifestent leur indignation à haute voix et crient contre l'enfant ou ses parents, ce qui transforme la mosquée en souk. En agissant ainsi, ils soignent un mal par un mal plus grave. Dans ce genre de situation, les fidèles doivent normalement laisser à l'imâm le soin de résoudre le problème avec sagesse et conformément à la voie du Prophète ﷺ. Il faut savoir que la douceur et la sagesse sont requises dans ce genre de situation. Il est rapporté authentiquement que le Prophète ﷺ a dit :

- *« Partout où la douceur s'installe, elle est source de beauté ; partout où la violence s'installe, elle est source de laideur »*[74].

- *« Instruisez les gens. Rendez les choses faciles et ne les rendez pas difficiles. Introduisez de l'optimisme dans le cœur des gens et ne les faites pas fuir. Lorsque l'un de vous se met en colère, qu'il se taise »*[75] .

- *« Allah est doux et Il aime la douceur. Il octroie en contrepartie de la douceur ce qu'Il n'octroie pas en contrepartie de la violence ni d'aucune autre qualité ».*[76]

- *« Celui qui n'est pas miséricordieux envers nos enfants et qui ne reconnaît pas le droit de nos vieillards n'est pas des nôtres »*[77].

- *« Celui à qui fut inspirée une part de douceur a d'ores et déjà reçu une bonne part des biens de ce monde et de l'Au-delà ».*[78]

---

[74] Hadith rapporté par Muslim (n° 2594).
[75] Voir *sahîh al-jâmi`* d'Al-Albânî (n° 4027).
[76] Hadith rapporté par Abû Dâwûd et Ibn Hibbân.
[77] Voir *silsilatu-l-ahâdith as-sahîha* (n° 2196) d'Al-Albânî.
[78] Hadith authentique. Il est rapporté par Ahmad (n° 1742). Le shaykh Al-Albânî le qualifie d'authentique : voir *sahîh al-jâmi`* n° 3767.

- Anas b. Mâlik ﷺ a dit : « Nous étions une fois dans la mosquée en compagnie de l'Envoyé d'Allah ﷺ quand arriva un bédouin qui se mit à uriner. Les Compagnons de l'Envoyé d'Allah s'écrièrent : « Arrête ! Arrête ! » Le Prophète ﷺ intervint et dit : *« Ne le poussez pas à interrompre son urine. Laissez-le uriner à son aise »*. Ce qu'ils firent. Quand il termina, l'Envoyé d'Allah l'appela et lui dit : *« Ces mosquées-là ne sont pas des endroits qui conviennent pour ce genre de choses : l'urine et d'autres saletés. Elles n'ont été construites que pour y invoquer le nom d'Allah et y réciter le Coran »* -il lui dit cela ou des propos de ce genre-. Il demanda ensuite à un des fidèles d'apporter un seau d'eau qu'il versa sur son urine ».[79]

---

[79] Hadith authentique -*muttafaqun `alayh*-. Il est rapporté par Al-Bukhârî (n° 221) et Muslim (n° 285).

L'éducation des enfants au recueillement en toute humilité *-khushû`-*[80]

Le *khushû`* est l'âme de la prière et l'une des clés de la réussite du serviteur et de son bonheur. La prière empreinte de *khushû`* attire tout bien et repousse tout mal. Si le serviteur veut voir ses péchés pardonnés, ses affaires facilitées, ses requêtes satisfaites et sa détresse soulagée, le meilleur moyen d'y parvenir est de témoigner de *khushû`* dans sa prière. C'est d'ailleurs cette prière-là qu'Allah a désignée par Sa parole : ﴿*Accomplis la prière, car la prière préserve des turpitudes et des actes blâmables*﴾ [81] et Sa parole : ﴿*Ont d'ores et déjà réussi ceux qui ont la foi, ceux qui dans leur prière se recueillent humblement* ﴾.[82]

1- L'importance de l'éducation des enfants aux bonnes vertus.

La prière accomplie avec recueillement préserve des turpitudes et des actes blâmables et renforce le scrupule religieux qui se traduit par la crainte d'Allah, cette crainte qui empêche le serviteur de commettre des péchés. D'où la nécessité d'éduquer nos enfants, nos épouses et nous-mêmes au recueillement dans la prière, conformément à la parole d'Allah : ﴿*Vous qui croyez, prémunissez les vôtres et vous-mêmes contre ce Feu qu'alimentent les hommes et les pierres*﴾.[83]

Lorsque nos enfants atteignent l'âge où ils deviennent capables de faire la part des choses, nous devons les éduquer au *khushû`* dans la prière et les aider à ranimer en eux de l'émotion à l'écoute du Coran. Le Prophète ﷺ a dit, en effet : « *La prière s'accomplit*

---

[80] Voir notre traduction du livre *al-khushû` fî as-salât* de Bâddî Ahmad Muhammad. Cette traduction est intitulée *La Concentration dans la prière*. Edition ALMADINA.

[81] Coran, *al-`ankabût* (S.29), 45.

[82] Coran, *al-mu'minûn* (S.23), 1-2.

[83] Coran, *at-tahrîm* (S.66), 6.

deux rak`as par deux rak`as en effectuant le tashahhud après chaque paire de rak`as et elle consiste en ce que le fidèle s'efforce de faire naître le khushû` en lui-même -takhashshu`-, de témoigner de l'humilité -tadarru`- et de se montrer indigent [à l'égard d'Allah] -tamaskun- ».[84] La parole du Prophète ﷺ : « *takhashshu`* » indique que le fidèle qui ne ressent pas le *khushû`* doit s'efforcer de le raviver et essayer d'imiter ceux qui témoignent de *khushû`* dans leur prière. Le hadith suivant va dans le même ordre d'idées : « *Récitez le Coran et pleurez, si vous n'arrivez pas à pleurer, alors efforcez-vous de le faire* ».[85]

Quand l'enfant atteint ses sept ans, on doit lui montrer les mérites et les vertus de la prière pour qu'il l'aime et l'inviter à prier, conformément à la parole d'Allah : ﴿*Ordonne aux gens de ta famille d'accomplir la prière et plie-toi avec patience à ce devoir*﴾[86] et conformément à la parole du Prophète ﷺ : « *Lorsque l'enfant atteint l'âge de sept ans, apprenez-lui la manière d'accomplir la prière. S'il se montre réticent à l'âge de dix ans, réprimandez-le* »[87] et à sa parole : « *Ordonnez à vos enfants de prier dès l'âge de sept ans. S'ils se montrent réticents à l'âge de dix ans, réprimandez-les et séparez-les dans les couches* ».[88]

La parole de l'Envoyé d'Allah ﷺ : « *Apprenez-lui la manière d'accomplir la prière* » est générale, c'est-à-dire qu'il faut lui apprendre l'aspect extérieur et la réalité intérieure de la prière, à savoir le recueillement et la concentration du cœur, en suivant une pédagogie qui correspond à son âge. Ainsi lorsqu'il atteint l'âge de la puberté, il a déjà acquis l'habitude de bien accomplir

---

[84] Hadith rapporté par At-Tirmidhî (n° 385).
[85] Hadith rapporté par At-Tabarânî et Al-Bayhaqî.
[86] Coran, *tâhâ* (S.20), 132.
[87] Hadith rapporté par At-Tirmidhî (n° 407) qui le qualifie d'authentique -*hasan sahîh*-.
[88] Hadith d'une autorité canonique assez bonne -*hasan*-. Il est rapporté par Abû Dâwûd. Voir « *sahîh al jâmi`* » (n° 5868).

la prière en respectant ses piliers, ses règles et en y faisant preuve de *khushû`*.

Il se peut que l'éducateur rencontre certaines difficultés, au départ, en essayant d'initier l'enfant au *khushû`* et d'éveiller en lui de l'émotion pieuse, mais avec le temps, surtout s'il varie sa pédagogie et lui montre le bon exemple, le *khushû`* et l'émotion deviendront des vertus naturelles. En effet, l'enfant est naturellement prédisposé à accepter toute chose bonne. Son âme est pure et naïve, chose qui n'existe pas chez les adultes. Il est facile de l'éduquer aux bonnes vertus, à condition que celui qui l'éduque soit quelqu'un de pieux et que le milieu dans lequel il vit soit bénéfique. Contrairement à l'adulte dans l'esprit duquel se sont fixées certaines idées et dont l'éducation nécessite de grands efforts et un grand travail de redressement, l'enfant, quant à lui, a l'esprit vide de tout antécédent et de toute idée préconçue. Il est semblable à une feuille blanche sur laquelle l'éducateur peut écrire directement ce qu'il veut.[89]

A propos de l'importance de l'éducation des enfants aux bonnes vertus, l'imâm Abû Muhammad b. Abî Zayd al-Qayrawânî a dit : « Sache que les meilleurs cœurs sont ceux qui contiennent le plus de bien et les cœurs qui sont les plus réceptifs au bien sont ceux qui n'ont pas connu le mal auparavant. Or l'une des premières œuvres auxquelles se sont intéressés les réformateurs et dont le mérite a fait des ambitieux, c'est de faire parvenir le bien aux cœurs des enfants des musulmans afin qu'il s'y enracine, de leur montrer les pratiques cultuelles et les règles de religion pour qu'ils s'y exercent, comme dit la maxime : « Apprendre à un enfant, c'est comme graver une pierre ». C'est pourquoi il faut leur apprendre ce qu'Allah a prescrit à Ses serviteurs comme actes et paroles dès leur jeune âge si bien que lorsqu'ils atteignent

---

[89] Voir « L'éducation des enfants en Islam » du shaykh `Abd Allah `Ulwân (2/548).

l'âge de la puberté, leurs cœurs sont déjà imprégnés de ces valeurs et y trouvent de la quiétude ».[90] Ainsi ils seront comptés, par la volonté d'Allah, parmi ceux à qui Allah offrira un ombrage « *ẕill* » en Son ombre un Jour où il n'y aura pas d'ombre sinon la Sienne[91] et ils seront à l'abri de la déviation morale dont souffrent beaucoup de jeunes aujourd'hui.

Ceci étant, il incombe aux parents, aux éducateurs et à ceux qui détiennent l'autorité dans les pays musulmans de profiter de cette tranche d'âge pour exercer les enfants aux actes cultuels et les éduquer aux nobles vertus en donnant la priorité à la prière imprégnée de recueillement et de soumission, car elle inspire la rectitude dans cette vie et attire le bonheur après la mort.

2- Les moyens efficaces pour l'éducation des enfants au *khushû`* dans la prière

Les moyens qui permettent d'éduquer les enfants à accomplir la prière comme il se doit et à s'y recueillir sont nombreux et variés. Celui qui sait les employer est l'éducateur expérimenté. Par son observation permanente et son accompagnement de l'enfant, il connaît son état et ses penchants et il emploie alors la méthode éducative qui lui correspond. Certains enfants apprennent rapidement et progressent quand on les exhorte et qu'on leur inspire la crainte d'Allah.

---

[90] Voir l'introduction de l'épître d'Abû Zayd al-Qayrawânî, p. 80.

[91] Abû Hurayra ﷺ rapporte que l'Envoyé d'Allah ﷺ a dit : « *Sept [espèces d'hommes] à qui Allah offrira un ombrage en Son ombre un jour où il n'y aura pas d'ombre sinon Son ombre : un imâm juste, un jeune homme qui a grandi dans l'adoration d'Allah, un homme dont le cœur est attaché aux mosquées, deux hommes qui s'aiment en Allah, ils se sont unis dans cet amour et se sont séparés ainsi, un homme qui dit, alors que cherche à l'attirer à elle une femme de haut rang et d'une grande beauté : « Je crains Allah », un homme qui fait l'aumône avec tant de discrétion que sa main gauche ignore ce que sa main droite dispense, un homme qui évoque Allah dans la solitude et dont les yeux débordent* ». Ce hadith est rapporté par Al Bukhârî (n° 220, n° 1334, n° 6308) et Muslim (n° 1712).

Pour certains, ce sont les récompenses et les cadeaux qui les motivent, alors que pour d'autres, ce sont les reproches et les réprimandes qui donnent des résultats positifs. L'éducateur et le père choisiront le moyen éducatif qui correspond à l'enfant et ils devront procéder étape par étape pour l'initier au *khushû`* dans la prière. Ainsi ils commencent par le côté extérieur du *khushû`*, en lui apprenant à rester calme dans la prière, d'observer de la sérénité et de ne pas se tourner. Ensuite, ils l'initient graduellement aux moyens qui permettent d'engendrer le *khushû`*. Ils peuvent recourir pour cela aux moyens que nous allons citer dans les pages suivantes ou se référer au livre « 33 directives pour avoir le *khushû`* dans la prière » du shaykh S̲âlih̲ al-Munajjid.

Parmi les moyens qui permettent d'exercer l'enfant au *khushû`*, il y a la bonne exhortation, le bon exemple et l'observation continue.

a- La bonne exhortation :

Allah -exalté soit-Il- a dit : ﴾*Luqmân exhorta un jour son fils, en lui disant : « Mon cher fils, n'attribue aucun associé à Allah, car l'associationnisme -shirk- est une injustice énorme*﴿.[92] C'est de cette manière que les parents pieux agissent envers leurs enfants, ils leur dispensent des conseils instructifs et des exhortations sages.[93]

Exhorter, c'est parler des ordres d'Allah et de Ses interdits en inspirant le désir de la récompense d'Allah et la crainte de Son châtiment tout en choisissant d'entre les paroles de vérité celles qui attendrissent les cœurs, ont un impact sur les esprits, réfrènent l'ardeur insensée des âmes rebelles et accroissent la foi et la guidance des âmes bien éduquées. Allah a dit, en effet : ﴾*Et, pourtant, s'ils s'étaient conformés à Nos exhortations, c'eût été*

---

[92] Coran, Luqmân (S.31), 13.
[93] Voir le *tafsîr* d'Ibn Kathîr.

meilleur pour eux﴿[94] et Il a dit : ﴾*Allah vous exhorte à ne jamais recommencer semblable chose, si vous êtes croyants*﴿.[95]

Si l'exhortation attendrit les cœurs des croyants et leur inspire de réagir positivement, que dire des enfants qui sont encore innocents et dont les cœurs gardent encore leur pureté ? L'exhortation a certainement plus d'effet sur eux, c'est pourquoi il convient de leur apprendre les règles de la prière et les inciter à s'y recueillir par des exhortations qui conviennent à leur esprit et par le rappel du mérite du *khushû`* en leur récitant par exemple les versets suivants :

﴾*Ont d'ores et déjà réussi ceux qui ont la foi, ceux qui dans leur prière se recueillent humblement*﴿,[96] ﴾*Le moment n'est-il pas venu pour ceux qui ont la foi de laisser leurs cœurs se remplir d'humilité à l'évocation d'Allah et devant la Vérité qu'Il a révélée ?*﴿.[97] On leur donne une brève explication de ces versets et on leur explique également les hadiths prophétiques qui inspirent le désir de témoigner de *khushû`* et qui mettent en garde contre son abandon.

Dans l'exhortation des enfants et leur préparation à bien accomplir la prière, il est important de se concentrer sur les histoires racontées dans le Coran et la Sunna qui suscitent l'intérêt des enfants. On leur parle aussi des mérites des pieux prédécesseurs et de leurs positions courageuses, car cela renforce la foi et inspire de craindre Allah et de s'en remettre à Lui.

Parmi les histoires qu'on peut leur raconter, il y a celles-ci :

- L'histoire de Hâjar عليها السلام et de son fils Ismaël عليه السلام :

---

[94] Coran, *an-nisâ'* (S.4), 66.
[95] Coran, *an-nûr* (S.24), 17.
[96] Coran, *al-mu'minûn* (S.23), 1-2.
[97] Coran, *al-hadîd* (S.57), 16.

On mettra l'accent sur le passage où Ibrâhîm ﷺ laissa son épouse Hâjar et son fils Ismaël dans un endroit désert où rien ne leur était familier et que lorsqu'elle lui dit : « Est-ce Allah qui t'a ordonné de nous laisser ici ? » et qu'il répondit: « Oui », elle dit : « Allah ne nous abandonnera donc pas ».

On leur montre ce que cette parole sincère de Hâjar dégage comme confiance en Allah et comme bonne opinion de Lui dans un moment très difficile. En effet, celui qui s'en remet à Allah et qui a une bonne opinion de Lui ne connaîtra jamais l'échec ; Allah -exalté soit-Il- a dit : ﴿*Celui qui s'en remet à Allah, Allah lui suffit. Allah réalise Ses fins, Il a établi pour toute chose une mesure*﴾[98] et Il a dit d'après un hadith du Prophète ﷺ : « *Je suis auprès de l'opinion que Mon serviteur se fait à Mon sujet et Je suis avec lui quand il M'invoque* ».[99]

- L'histoire de l'homme qui, ne trouvant pas de navire pour rembourser les mille dinars qu'il devait à son créancier, creusa un morceau de bois dans lequel il mit la somme due et le jeta dans la mer qui emporta le dépôt jusqu'à son propriétaire.[100]

- L'histoire des gens de l'éléphant.

- L'histoire du lépreux, du teigneux et de l'aveugle qui montre l'importance de la reconnaissance des bienfaits d'Allah, comme la santé et la richesse.[101]

- L'histoire des trois hommes qui demeurèrent coincés dans une grotte.

- L'histoire de l'enfant, du roi et du dévot dans laquelle le Prophète ﷺ raconte que le roi a ordonné de jeter quiconque refuse de renoncer à sa foi dans le feu, et que lorsque vint le tour

---

[98] Coran, talâq (S.65), 3.
[99] Hadith rapporté par al-Bukhârî et Muslim.
[100] Cette histoire se trouve dans le sahîh d'al-Bukhârî (n° 2291).
[101] Cette histoire se trouve dans le sahîh de Muslim (n° 2964).

d'une femme accompagnée de son enfant qu'elle allaitait, elle hésita à se jeter par compassion pour lui, son enfant se mit à parler et lui dit : « Mère, patiente car tu es dans la vérité ! ».[102]

- L'histoire de l'émigration du Prophète ﷺ vers Médine et ce qu'elle comporte comme leçons nobles, notamment la fraternisation entre les Mecquois et les Médinois.

- Les conquêtes islamiques, les vertus des conquérants musulmans et leur comportement à l'égard des populations conquises.

Je me suis contenté de citer les titres de ces histoires et leurs idées centrales pour ne pas trop allonger ce livre. Je laisse aux experts dans le domaine de l'éducation islamique le soin de les détailler et de les développer.

Parmi les moyens qui relèvent de la bonne exhortation, il y a l'exhortation pratique. Cela consiste en ce que l'éducateur invite les enfants à faire la prière dans le but de leur apprendre le mode de son accomplissement et comment s'y recueillir de manière pratique. Ainsi il effectue devant eux les ablutions et les invite à l'imiter, puis dirige pour eux une prière modèle dans laquelle il respecte tout ce qui concerne l'aspect extérieur et la réalité intérieure de la prière, à savoir les piliers, les éléments qui constituent une sunna et les règles, en insistant sur le côte *khushû`* qui se traduit par le calme, la sérénité, le fait de ne pas détourner son regard [de l'endroit où on se prosterne] et son cœur [d'Allah].

b- Le bon exemple :

Montrer le bon exemple est le meilleur moyen pour éduquer les enfants aux nobles vertus. L'éducateur, qu'il s'agisse du père ou de l'enseignant, est le modèle idéal aux yeux de l'enfant. Si

---

[102] Voir l'explication de cette histoire authentique dans le commentaire d'Ibn Kathîr de la sourate « *al-burûj* ».

l'éducateur accomplit assidûment les prières prescrites dans les moments qui leur sont assignés, en commun dans la mosquée, en y témoignant de *khushû`* et en respectant leurs conditions et leurs règles, généralement l'enfant grandit dans l'amour de la prière et dans le désir de s'y recueillir. Si, par contre, l'éducateur néglige la prière, l'enfant suivra généralement cet exemple. Le Prophète ﷺ a dit, en effet : « *Tout nouveau-né naît selon la prime nature et ses parents font de lui un Juif, un Chrétien ou un Zoroastrien* ».[103] Les enfants sont naturellement prédisposés à imiter leurs parents et à suivre leurs enseignements.

Craignons donc Allah à leur égard, car ils constituent un dépôt qu'Allah nous a confié et que nous devons Lui rendre en parfait état.

c- L'observation :

Parmi les moyens qui permettent de transmettre aux enfants une bonne éducation, il y a l'observation de leurs états et la surveillance de leurs attitudes. Ainsi lorsqu'ils montrent un bon comportement, on les félicite et on les encourage à continuer et lorsqu'ils manifestent un mauvais comportement, on leur montre son caractère néfaste et on les met en garde contre cela.

Il sied donc à l'éducateur d'observer l'enfant pendant que celui-ci prie pour voir s'il l'accomplit avec recueillement et sérénité ou se contente de baisser et de relever vivement la tête à la manière d'un corbeau.

Il doit aussi surveiller ses fréquentations en essayant de l'éloigner des mauvais camarades, de l'encourager à fréquenter des gens de bonne moralité et surveiller ses lectures pour l'orienter vers des livres utiles.

---

[103] Hadith rapporté par al Bukhârî (n° 1292, 1293) et Muslim (n° 2658).

Bref, il est tenu de le prémunir contre le châtiment du Jour dernier, comme Allah l'a dit : ﴾*Vous qui croyez, prémunissez les vôtres et vous-mêmes contre ce Feu qu'alimentent les hommes et les pierres*﴿,[104] chose qui ne peut se réaliser que par l'observation, la surveillance et l'invocation.[105]

Ce qui a été dit à propos de l'éducation des enfants au *khushû`* est, à plus forte raison, valable pour les adultes, car ces derniers ont atteint l'âge où ils sont assujettis aux lois religieuses et sont nantis d'une responsabilité légale, pleine et entière. Nous avons, à ce titre, en l'Envoyé d'Allah ﷺ, un excellent modèle à suivre. En effet, le Prophète ﷺ priait devant ses Compagnons pour qu'ils apprennent de lui la manière d'accomplir la prière. Il a même prié une fois au-dessus de la chaire et quand il voulut se prosterner, il descendit à reculons et se prosterna sur le sol. A la fin de sa prière, il dit : « *J'ai fait la prière de cette manière pour vous l'enseigner afin que vous vous y conformiez* ».[106]

L'imâm al-Bukhârî rapporte, sur l'autorité d'Abû Hurayra ﷺ, qu'un jour l'Envoyé d'Allah ﷺ entra dans la mosquée, qu'un homme y entra également, fit la prière et vint saluer le Prophète ﷺ qui lui dit : « *Retourne prier ! Car tu n'as pas prié* ». L'homme retourna prier et vint saluer le Prophète ﷺ qui lui dit de nouveau : « *Retourne prier ! Car tu n'as pas prié* ». Mais quand il lui fit la remarque la troisième fois, l'homme jura : « Par Celui qui t'a envoyé avec la Vérité, je ne sais prier que de cette manière. Apprends-moi ». L'Envoyé d'Allah lui dit alors : « *Lorsque tu t'apprêtes à faire la prière, fais d'abord tes ablutions, en prenant soin de couvrir les parties à laver avec de l'eau, mets-toi ensuite face à la qibla et fais le takbîr, puis récite du Coran ce que tu peux faire aisément, puis incline-toi jusqu'à*

---

[104] Coran, *at-tahrîm* (S.66), 6.
[105] Voir « L'éducation des enfants en Islam » du shaykh `Abd Allah `Ulwân (2/543).
[106] Hadith rapporté par Al-Bukhârî et Muslim.

ce que tu sois en équilibre dans cette position, puis redresse-toi jusqu'à ce que tu te mettes complètement debout et marque une pause, puis prosterne-toi jusqu'à ce que tu sois stable dans cette position, puis redresse-toi jusqu'à ce que tu sois tranquillement assis, puis prosterne-toi à nouveau jusqu'à ce que tu sois tranquillement assis, puis prosterne-toi à nouveau jusqu'à ce que tu sois stable dans cette position. C'est de cette manière que tu dois procéder tout le long de ta prière ». [107]

[107]Hadith rapporté par Al-Bukhârî (n° 757).

Expériences des parents dans l'initiation de leurs enfants à la prière

La prédicatrice Hanâ' Bint `Abd Al-`Azîz As-Sanî` eut l'intuition de jeter la lumière sur un côté de la prière jusque là inexploré, à savoir le côté pratique du hadith prophétique sur l'initiation des enfants à la prière. Elle distribua à des parents d'enfants, toutes classes sociales confondues, un formulaire où elle leur demandait d'exposer leur expérience dans l'initiation de leurs enfants à la prière. Nous vous citerons ici celles qui nous paraissent intéressantes. Nous espérons que vous en tirerez certaines leçons qui vous aiderons à faire aimer la prière à vos enfants.

Expérience 1

En comptant sur l'aide d'Allah, j'ai réussi à habituer mes enfants à la prière. Mon premier souci était toujours de plaire à Allah et de jouir de Sa récompense. Je n'avais jamais cessé d'implorer Allah de réformer les cœurs de mes enfants. Je leur ordonnais de prier quand ils atteignaient à peu près l'âge de sept ans.

Je leur inspirais le désir d'obtenir l'immense récompense qu'Allah accorde à ceux qui prient. Je leur décrivais le Paradis et ses délices. Je veillais à ne pas rater la moindre occasion opportune pour leur faire la comparaison entre les délices de ce monde et les délices du Paradis afin que leurs cœurs aspirent à la demeure du bonheur éternel et œuvrent pour y accéder.

Lorsque l'heure de la prière arrivait et que je voyais mes enfants absorbés par le jeu, je leur disais calmement : « Venez avec moi pour essayer de bénéficier des belles récompenses d'Allah ! Qui parmi vous sera le premier à faire ce qui plaît à Allah ? Allah aime celui qui prie et lui accorde au Paradis des plaisirs meilleurs que n'importe quel jeu de ce monde ! ».

J'ai une histoire à vous raconter concernant ma fille qui est maintenant âgée de douze ans. Je l'avais habituée à accomplir quatre prières canoniques à l'heure et il ne me restait que la prière de l'aube. J'avais commencé à l'y exercer alors qu'elle avait neuf ans. Elle me disait à cette époque-là : « Maman ! Réveille-moi pour la prière de l'aube ». Mais quand je la réveillais, elle se mettait à gémir et à pleurer. Je la laissais dormir. Quand elle se réveillait le matin, je lui racontais ce qu'elle avait fait. Elle me disait qu'elle n'avait rien senti et elle insistait pour que je la réveille le lendemain. Je la réveillais et elle refaisait la même scène. Je l'aidais même à marcher jusqu'aux toilettes et quand je mettais doucement un peu d'eau sur son visage, elle s'éloignait de moi en pleurant. Je lui disais : « C'est pourtant toi qui as insisté pour que je te réveille » et je la laissais retourner à son lit. Le matin, elle me faisait les mêmes reproches et me disait qu'elle ne s'était rendu compte de rien. Je n'ai pas désespéré et j'ai continué à la réveiller jusqu'à ce qu'elle se soit habituée à l'accomplir à l'heure -qu'Allah en soit loué !-

Une fois, elle s'est endormie très tôt. Alors que je parlais cette nuit-là au téléphone, ma voix s'éleva et la réveilla. Elle se tint brusquement debout, tira sa grande couette d'hiver qui la couvrait, se mit à prendre soin de bien en couvrir sa tête et son corps et fit d'autres gestes qu'elle faisait d'habitude quand elle s'apprêtait à accomplir la prière. Ce spectacle me réjouit et m'émut en même temps. Je l'enlaçai tendrement et je lui dis : « Dors ma chérie, l'heure de la prière n'est pas encore arrivée ».

Voici un message de ma part à tout père et à toute mère : apprenez la religion à vos enfants dès leur jeune âge. Un jour, ce seront eux qui vous rappelleront ses prescriptions, vous aideront à s'y conformer et invoqueront Allah en votre faveur après votre mort.

Expérience 2

Mon fils ne s'intéressait pas à ses devoirs religieux. Il était tout le temps occupé par les choses de la vie. Il faisait la sourde-oreille lorsque je lui parlais de la prière et il se débattait lorsque je tentais de le réveiller pour qu'il prie. J'étais devenue très inquiète et très préoccupée par son cas. Je recourus à Allah en me recueillant en prière et en L'invoquant avec ferveur. Je scrutais les moments propices à l'exaucement, notamment le dernier tiers de la nuit où je ne cessais d'implorer Allah de faire aimer la prière à mon fils. Je répétais souvent cette invocation qui se trouve dans le Coran : ﴿*Seigneur, fais de moi [un serviteur] qui accomplit la prière, ainsi que mes descendants ! Seigneur, veuille exaucer mon invocation !*﴾[108].

J'exprimais mon indigence, ma faiblesse et ma soumission à Allah et, les larmes aux yeux, je Le suppliais avec humilité de le guider, surtout quand je l'imaginais en train de subir le châtiment de l'Enfer pour son orgueil.

J'ai passé deux années à me plaindre à Allah de ma peine et de ma tristesse jusqu'au jour où, à ma surprise, je vis mon fils en plein recueillement dans la prière. Il devint même assidu à la prière et parlait aux gens de son importance et de son mérite.

Depuis ce jour, je ne cessais de louer Allah et j'acquis la conviction ferme qu'Allah entend les vœux et les exauce. N'est-Il pas Lui ﴿*qui répond à l'angoissé quand il L'invoque*﴾[109]. Mon arme secrète dans cette expérience était la sincérité dans l'invocation et la persévérance.

---

[108] Coran, Ibrâhîm (S.14), 40.
[109] Coran, *an-naml* (S.27), 62.

Expérience 3

J'envoyais mes garçons à la mosquée quand ils avaient entre dix et douze ans. J'insistais pour qu'ils accomplissent les prières prescrites à la mosquée. Je les obligeais à s'y rendre et je me montrais intransigeante sur cette question, que ce soit en hiver ou même durant les vacances où le jeu les distrayait et lorsqu'ils avaient du mal à se lever pour la prière de l'aube parce qu'ils se couchaient tard. Je les menais tous à ce rythme, du plus jeune qui avait douze ans à l'aîné qui avait vingt ans.

Je les réveillais pour la prière de l'aube en utilisant plusieurs techniques comme le fait d'asperger leur visage avec de l'eau, le fait de me tenir debout près de leur lit en leur disant que je ne bougerai pas tant qu'ils ne se levaient pas, le fait de ne pas accomplir ma prière jusqu'à les faire sortir de la maison pour qu'ils aillent à la mosquée, le fait de ne pas accepter leurs excuses, etc. Mais avant et après tout chose, j'implorais Allah avec insistance et avec ferveur de les guider.

Ce travail d'initiation de mes enfants à la prière était un effort personnel. Leur père était mort alors qu'ils étaient très jeunes - qu'Allah lui fasse miséricorde-.

Je loue Allah seul de m'avoir inspiré la volonté et la force de réussir cette mission.

Fatwa[110]

Question :

Mes enfants ont entre neuf et onze ans. Je les réveille pour la prière de l'aube même quand il fait parfois très froid. Le prêcheur d'une mosquée me dit que j'encours un péché pour ce que je fais à mes enfants parce qu'ils sont trop jeunes pour comprendre ces

[110] Fatwas du Conseil Permanent des Recherches Théologiques et de la dispense de Fatwas (Arabie Saoudite) (6/27-28).

choses-là. Suis-je vraiment fautive ? Veuillez nous éclairer ! Qu'Allah vous accorde tout bien et vous protège contre tout mal !

Réponse :

Si les choses sont comme tu as dit, tu as bien agi. Nous implorons Allah de te récompenser généreusement et faire de toi un exemple à suivre par tout parent d'enfants. Celui qui t'a dit que tu encours un péché se trompe. Nous espérons qu'Allah lui pardonne ce qu'il a dit, l'oriente vers ce qui est juste et lui inspire d'inciter les gens à faire le bien. Ahmad, Abû Dâwûd et Al-Hâkim rapportent que le Prophète ﷺ a dit : *« Ordonnez à vos enfants de prier dès l'âge de sept ans. S'ils se montrent réticents à l'âge de dix ans, punissez-les et séparez-les dans les couches »*[111]. L'énoncé de cet éminent hadith est général. Il faut s'y conformer dans toutes les saisons, y compris en hiver.

A ceux qui disent à propos des enfants : « Ils sont encore trop jeunes pour pouvoir prier et jeûner », « Elle est encore trop jeune pour pouvoir porter le hidjab » ...

Voici notre réponse :

L'imâm Ahmad rapporte qu'Abû Al-Hawrâ' a dit : « J'ai demandé à Al-Hasan le fils de `Alî ؓ : « Quel souvenir gardes-tu de l'Envoyé d'Allah ﷺ ? » Il répondit : « Je me rappelle que j'étais une fois en compagnie de l'Envoyé d'Allah et j'ai pris une des dattes qui étaient destinées à être données en aumône et je l'ai introduite dans ma bouche. L'Envoyé d'Allah l'arracha de ma bouche pleine de salive et la remit au tas de dattes ». Certains Compagnons [qui avaient assisté à la scène] dire : « Ô Envoyé

[111] Hadith d'une autorité canonique assez bonne -*hasan*-. Il est rapporté par Abû Dâwûd. Voir « *sahîh al jâmi`* » (n° 5868).

d'Allah, qu'y a-t-il de mal à laisser cette datte à cet enfant ? » Il répondit : *« Nous, la famille de Muhammad, n'avons pas le droit de toucher à l'aumône »*[112].

Malgré le jeune âge d'Al-Hasan, le Prophète ﷺ a désapprouvé ce qu'il a fait et lui a interdit une chose illicite.

Les savants ont déduit de ce hadith qu'il convient d'interdire aux enfants ce que les adultes doivent éviter comme choses illicites.

Quant à la raison sous-jacente à l'ordre aux enfants de prier très tôt, c'est pour qu'ils s'y habituent et qu'elle devienne un devoir léger qu'ils accompliront sans difficulté une fois adultes.

Muslim rapporte ce récit d'Ibn `Abbâs ؓ : « J'ai passé la nuit chez ma tante Maymûna la fille d'Al-Hârith (l'une des épouses du Prophète ﷺ). Je lui dis : « Si l'Envoyé d'Allah se lève pour accomplir la prière, réveille-moi ». L'Envoyé d'Allah se leva et se tint debout pour prier. Je me mis à sa gauche. Il me prit par la main et me mit à sa droite. J'eus des moments d'assoupissement au cours de la prière et chaque fois le Prophète ﷺ saisissait le lobe de mon oreille [pour me réveiller]. Il accomplit onze *rak`a*s ».[113]

D'après une autre version, Ibn `Abbâs a dit : « L'Envoyé d'Allah posa sa main droite sur ma tête et se mit à tordre légèrement mon oreille droite ».

De ce hadith on peut tirer des enseignements sublimes :

Le Prophète ﷺ n'a pas laissé Ibn `Abbâs à son aise malgré son jeune âge, mais il le réveillait en saisissant le lobe de son oreille.

---

[112] Extrait d'un hadith rapporté par Ahmad dans *al-musnad* (3/171-n° 1727). Le shaykh Ahmad Shâkir qualifie sa chaîne de sûre. Le shaykh Al-Albânî le qualifie d'authentique : voir *at-ta`lîqât al-hisân `alâ sahîh Ibn Hibbân.*
[113] Hadith rapporté par Muslim (n° 762) (1/525).

Contemplons la douceur du Prophète ﷺ à l'égard de cet enfant qui s'est levé pour accomplir la prière de la nuit -*tahajjud*- avec lui. Il a posé sa noble main sur sa tête, saisit le lobe de son oreille et se mit à le tordre doucement.

Remarquons aussi que le Prophète ﷺ était en prière et pourtant son recueillement et sa concentration ne l'ont pas empêché de surveiller Ibn `Abbâs. Cela prouve qu'il portait un intérêt particulier aux enfants, leur ordonnait le convenable et leur interdisait le blâmable.

Aux parents de contrôler leurs enfants et de les orienter quand ils accomplissent mal un acte d'adoration. Le fait qu'ils soient occupés par un acte de dévotion quelconque (prière, *dhikr*, récitation du Coran, etc.) ne doit pas les empêcher d'intervenir à temps pour réformer leurs enfants.[114]

Expérience 4

« La prière, comme la religion, est un édifice. En le construisant, on construit la religion et en le détruisant, on détruit la religion ». Je crois fermement en cette expression. Construire cet édifice nécessite la sollicitation de l'aide d'Allah, la patience et la persévérance.

Pour ce qui est de mon expérience personnelle, j'ai accompagné mes filles et mon garçon depuis leur jeune âge dans l'apprentissage du Coran, des formules du *dhikr* quotidien et d'autres actes de culte.

Toutes mes filles sont aujourd'hui à l'université -qu'Allah en soit loué !-. Quant à mon fils, il est au collège. Son père et moi le suivions depuis son enfance. Quand son père voulait se rendre à la prière dans la mosquée, il lui disait : « Viens mon fils ! C'est l'heure de la prière ! ». Il clôturait toujours cet appel par une

---

[114] *Al-ihtisâb `alâ al-atfâl*, p. 48.

invocation : « Qu'Allah te réforme ! », « Qu'Allah te guide ! », « Qu'Allah illumine ton esprit ! » …

Je me servais dans leur éducation spirituelle de cassettes audio ou vidéo. Quand il s'agissait de l'enregistrement d'un prône du vendredi qui traite du sujet de la prière, je veillais à ce que nous l'écoutions ensemble.

Le moyen le plus efficace à ce titre et sur lequel j'insiste beaucoup est l'invocation. Je ne cesse d'implorer Allah en ces termes : « Ô mon Dieu, réforme ma progéniture ! ». Je prononce cette invocation lorsque je suis en position de prosternation devant Allah, lorsque je fais l'oraison du *qunût*[115] et lorsque je constate chez eux un comportement qui me plaît ou qui me déplaît.

Expérience 5

Depuis les premières années de leur enfance, je me demandais comment initier mes enfants à la prière. Cette question me hantait l'esprit au point que j'avais inculqué à mon fils `Abd Allah qui n'avait que cinq ans l'expression suivante : « La prière est pour la religion comme le poteau central l'est pour la tente. Si le poteau central tombe, la tente s'écroule sur ses occupants ».

Avant que `Abd Allah n'atteigne sept ans, je lui disais : « Bientôt tu connaitras un événement heureux et important dans ta vie. Tu deviendras grand et tu feras partie des fidèles qui accomplissent la prière ».

De temps à autre, je lui disais : « Il te reste, par la volonté d'Allah, telle durée pour que tu fasses partie des fidèles qui prient régulièrement ».

[115] Oraison qu'on prononce lorsqu'on se tient debout dans la prière, que ce soit avant ou après la position d'inclination -*rukû`*-.

Quand `Abd Allah atteignit sept ans, c'est-à-dire l'âge où l'on doit lui ordonner de prier, je lui expliquai que la question de la prière est grave. Durant mes discussions avec lui, je ne cessais d'appuyer mes propos par des hadiths du Prophète ﷺ. Je savais que parfois il ne comprenait pas mes propos, mais mon but était de rendre la prière éminente à ses yeux. Je veillais à ce que son père l'emmène à la mosquée pour qu'il s'y habitue. Je profitais de l'enthousiasme qui animait mon fils à l'idée de sortir en compagnie de son père pour lui imposer comme condition la pratique de ses ablutions et il acceptait toujours.

Quand il obéissait à mon ordre d'accomplir la prière, je le félicitais au milieu de mes amis pour l'encourager. J'insistais sur la prière de l'aube à laquelle je donnais une importance particulière.

Je lui racontais les histoires de ceux qui étaient assidus à la prière en lui exposant les faveurs dont ils avaient joui dans ce monde et dont ils jouiront dans l'Au-delà. Je lui parlais des délices du Paradis et du châtiment de l'Enfer avec des mots simples afin qu'il puisse comprendre ces vérités et qu'elles demeurent gravées dans son esprit.

Quand il accomplissait la prière de l'aube, je lui disais que cette prière rendait son visage lumineux[116] et il accourait vers le miroir pour voir son visage.

Je ne manquais pas la moindre occasion pour lier mon fils à la prière à travers les situations par lesquelles il passait dans son quotidien. Quand il lui arrivait quelque chose de mal à cause d'une dispute avec ses camarades, ou une chute, ou une maladie, ou perdait un de ses objets préférés, je lui disais que c'était peut-

---

[116] Muslim rapporte dans son sahîh que l'Envoyé d'Allah ﷺ a dit : « *La prière est une lumière* ».
Cela signifie que la prière illumine le cœur et le rend clairvoyant et lorsque le cœur s'illumine, le visage s'illumine lui aussi.

être à cause de sa négligence de sa prière tel et tel jour. Ce genre de remarque me facilitait beaucoup son initiation à la prière. D'ailleurs tout malheur qui nous frappe est dû à nos fautes ; Allah a dit en effet : ﴾*Tout malheur qui vous frappe ne peut être que la conséquence de vos propres agissements. Encore Allah en pardonne-t-Il beaucoup*﴿[117].

Quant, en revanche, il lui arrivait un événement heureux, je profitais de l'occasion pour lui expliquer que le bonheur est un des fruits de l'obéissance à Allah, notamment l'accomplissement de la prière, et qu'Allah est généreux à l'égard de celui qui prie régulièrement.

Petit à petit, j'ai pu mener ce djihad éducatif de l'initiation à la prière et j'ai pu, dans la mesure du possible, appliquer le hadith suivant de l'Envoyé d'Allah ﷺ : *« Ordonnez à vos enfants de prier dès l'âge de sept ans. S'ils se montrent réticents à l'âge de dix ans, punissez-les et séparez-les dans les couches »*[118].

Mon fils `Abd Allah n'a pas encore atteint dix ans et j'espère qu'avec l'aide d'Allah je n'aurai pas besoin d'utiliser la punition corporelle. Je pense que lorsqu'on initie sincèrement ses enfants à la prière depuis leur jeune âge, on n'aura pas besoin de recourir à ce genre de punition.

Parmi les moyens que j'ai aussi utilisés, il y a l'achat pour mon fils d'un magnétophone et de cassettes vierges pour qu'il y enregistre ses prières (en dehors des prières prescrites). Je lui demandais de temps à autre de prononcer un prône et il mettait un porte manteau devant lui en guise de microphone et improvisait un prône.

---

[117] Coran, *ash-shûrâ* (S.42), 30.

[118] Hadith d'une autorité canonique assez bonne -*hasan*-. Il est rapporté par Abû Dâwûd. Voir « *sahîh al jâmi`* » (n° 5868).

Je lui ai acheté une *abâya* pour homme (sorte de manteau oriental), un keffieh, un siwâk et d'autres accessoires de ce genre. J'ai constaté qu'il s'intéressait à ce genre de choses depuis qu'il avait commencé à se rendre avec son père à la prière du vendredi.

J'ai médité la parole suivante d'Allah : ﴿*Ordonne aux gens de ta famille d'accomplir la prière et persévère dans cette voie. Nous ne te demandons aucune rétribution, c'est Nous qui t'attribuons et c'est la piété qui aura les plus heureuses conséquences*﴾[119] et j'en ai tiré des enseignements sages, notamment le fait qu'elle mette l'accent sur la difficulté de cette mission, c'est-à-dire qu'il ne faut pas s'attendre à ce que les enfants obéissent aussitôt à l'ordre de prier. Il faut le leur répéter plusieurs fois par jour et il faut persévérer et ne pas avoir hâte de cueillir les fruits de ses efforts.

L'un des fruits de mes efforts dans l'éducation de `Abd Allah est que cela m'a facilitée l'initiation de ses frères cadets à la prière, car ils essaient tous de l'imiter et le prennent comme modèle. Il a d'ailleurs lui-même pris l'initiative de leur apprendre la prière. Il les réunit dans sa chambre et les dirige en prière en corrigeant leurs erreurs. Il le fait certes d'une manière désordonnée et simpliste -ce qui est normal à son âge-, mais ses initiatives introduisent de la joie dans mon cœur et me font sentir que mes efforts ont porté leurs fruits -qu'Allah en soit loué !-.

L'invocation a des effets extraordinaires. Combien de fois j'ai prononcé cette invocation : ﴿*Seigneur, fais de moi [un serviteur] qui accomplit la prière, ainsi que mes descendants ! Seigneur, veuille exaucer mon invocation !*﴾[120]. Je répétais cette invocation quand je faisais les tournées rituelles autour de la Maison d'Allah (la Kaaba) et dans les moments propices à l'exaucement jusqu'à

---

[119] Coran, *ṯâhâ* (S.20), 132.
[120] Coran, Ibrâhîm (S.14), 40.

ce qu'Allah m'ait fait voir la plus jeune de mes filles qui étalait le tapis de prière devant elle et priait sans que je lui dise quoi que ce soit. Si elle est devenue assidue à la prière, c'est grâce à Allah seul, parce que c'est une fille difficile.

Expérience 6

Mon mari -qu'Allah le bénisse- se chargeait de nos garçons. Il veillait à ce qu'ils accomplissent assidûment les cinq prières canoniques dans la mosquée et il ne les laissait pas les faire à la maison.

Quand le cadet de mes garçons a atteint dix sept ans, certaines circonstances nous ont contraints à déménager dans une autre ville, loin de mon mari. Ils avaient tous atteint l'âge difficile de l'adolescence et ils se mettaient à négliger la prière.

J'ai recouru à Allah pour m'aider à les éduquer. J'ai insisté auprès d'eux pour qu'ils ne négligent pas la prière. J'ai même pleuré devant eux pour les toucher et leur manifester mon souci de les voir sur la bonne voie. Je n'ai jamais proféré d'imprécations contre eux. J'implorais toujours Allah de leur accorder tout bien. Je faisais tout mon possible pour les surveiller en m'assurant qu'ils partaient vraiment à la mosquée. J'ai mené ce combat jusqu'à ce que mes garçons aient dépassé cette étape délicate et commencé à être assidus à la prière. D'ailleurs je continue encore à être vigilante sur ce plan. Je leur faisais toujours des rappels sur la prière et je leur donnais des conseils. Quand je rendais visite à mes proches, je ne passais pas la nuit chez eux de peur qu'aucun d'eux ne prenne l'initiative de réveiller ses frères pour la prière de l'aube.

Quant à mes filles, je les ai suivies dès leur jeûne âge et je les ai élevées dans l'amour de la prière. J'étais pour elles comme leur grande sœur et j'ai veillé à ce que leurs cœurs ne s'attachent pas aux mondanités comme le shopping. Elles étaient occupées par les travaux ménagers parce que nous n'avons pas les moyens d'engager une femme de ménage. Ces facteurs, ainsi que d'autres, avaient favorisé leur attachement aux prescriptions d'Allah et leur accomplissement assidu de la prière à son heure. Elles m'obéissaient et cherchaient ma satisfaction. Je ne peux que témoigner de la reconnaissance à mon Seigneur pour ce bienfait.

Si nous comptions le temps que nous consacrons à la prière (les cinq prières quotidiennes), quel serait son pourcentage par rapport au jour ? Il représenterait au maximum 6,25 % (une heure et demie). Voici donc une brève partie de la journée consacrée à une éminente œuvre dont les effets bénéfiques toucheront le fidèle dans sa vie, dans sa tombe et dans l'Au-delà.[121]

(Supposons que la durée moyenne du sommeil d'un enfant est de huit heures par jour, le temps de son éveil actif est alors seize heures et celui consacré à la prière (les cinq prières quotidiennes) est d'une heure et quinze minutes (une moyenne maximum de quinze minutes par prière avec ses ablutions)).

Expérience 7

Le mérite de l'initiation de ma fille à la prière ne revient pas qu'à moi seule, mais aussi à son père qui m'a beaucoup aidée dans cette tâche.

Quand ma fille a atteint sept ans, je lui disais : « Allah te fera entrer au Paradis -par Sa volonté- et tu obtiendras tout ce que tu veux : des friandises, des plats délicieux, etc. Allah -exalté soit-Il- a fait de nous des musulmans. Il nous a mis dans la communauté de Mu<u>h</u>ammad ﷺ. Il est donc de notre devoir d'aimer Allah et Son Envoyé. Et si nous aimons Allah, nous devons prier en soumission à Lui, afin qu'Il nous aime et nous

---

[121] *Règles de la prière -min a<u>h</u>kâm a<u>s</u>-<u>s</u>alât-* du shaykh Ibn `Uthaymîn, p. 5.

fasse entrer dans Son Paradis ». Je lui répétais ces mots en permanence. Parfois, certaines choses la distrayaient de la prière, ce qui me rendait parfois en colère contre elle. Il m'arrivait des fois d'être sur le point de commettre l'erreur de la frapper -elle n'avait pas encore atteint à ce moment-là dix ans-, mais je me retenais et je me disais : ﴿*Allah est avec les patients*﴾.

Ma fille a maintenant dix ans et elle s'est déjà habituée à la prière. Je loue Allah de lui avoir inspiré d'être assidue à la prière et je n'oublie pas de remercier mon mari qui m'a beaucoup aidée dans cette épreuve.

Dans son livre as-salât, l'imâm Ahmad a dit : « Fais très attention de ne pas rencontrer Allah -Puissant et Majestueux- alors que l'Islam n'a pas de valeur chez toi et sache que la valeur de l'Islam dans ton corps équivaut à la valeur de la prière dans ton cœur ».

Expérience 8

Les bonnes actions sont les stimulants qui ne perdent pas leur éclat ni leur efficacité.
J'ai toujours veillé à rappeler à mes enfants la récompense sublime qu'Allah accorde à ceux qui accomplissent la prière. C'est ce qui a d'ailleurs apporté de la facilité et du succès à mon expérience -qu'Allah en soit loué !-

Mon plan d'initiation de mes enfants à la prière était d'agir très tôt. Quand ils n'avaient que deux ans et qu'ils s'asseyaient à côté de moi pendant que je priais, je leur laissais un peu de place sur mon tapis de prière ou j'étalais devant un autre tapis. Parfois je les appelais et je leur disais avec un ton affectueux : « Voulez-vous prier avec moi ? » ou « Venons prier ensemble ! ». Parfois ils priaient avec moi du début à la fin. Parfois ils commençaient avec moi la prière, mais au cours de celle-ci ils s'amusaient à faire autre chose. Je les laissais s'amuser parce qu'ils étaient encore jeunes.

Un de mes garçons est maintenant au CE1. Il revint un jour très heureux de l'école. Je lui demandai ce qu'il avait fait à l'école et il me dit que l'instituteur lui avait appris la manière d'accomplir la prière. Ce fut alors mon devoir de compléter le rôle de l'école. Je l'invitai donc à me montrer la manière qu'il avait apprise à l'école en prononçant à voix audible les versets et les formules du *dhikr* et je me mis à corriger certaines erreurs qu'il commettait, que ce soit dans les paroles et dans les actes.

Quand je m'assurais que mes enfants avaient bien appris la manière de pratiquer les ablutions et les choses qui entraînent la rupture de l'état de pureté rituelle et également le mode d'accomplissement de la prière et les actes qui la rendent invalides, je passais à l'étape du suivi permanent. Quand je les voyais prier à l'heure, je louais Allah. Quand je constatais qu'ils n'avaient pas encore prié, je formulais mon ordre sous une forme d'interrogation : « Avez-vous prié ? ». Je leur rappelais le grand mérite de la prière et qu'Allah observe tous leurs faits et gestes. Je continuais toutefois de les surveiller.

Dans le cas de négligence avérée, j'évitais de les mettre dans une situation où ils se trouvaient contraints de me mentir et de se rendre ainsi coupables d'un grave péché qui est le mensonge. Je me contentais de leur rappeler le hadith suivant : *« La première chose dont le serviteur rendra compte le Jour du jugement est la prière. Si elle est bonne, c'est que ses autres œuvres sont bonnes. Si elle est imparfaite, c'est que ses autres œuvres sont imparfaites »*[122].

---

[122] Hadith rapporté par At-Tabarânî dans *al-mu`jam al-awsat*. Le shaykh Al-Albânî qualifie d'authentique -*sahîhun li ghayrih*- : voir *sahîh at-targhîb wa-t-tarhîb* n° 376.

Afin qu'ils prient pour Allah le Très-Haut et pas par peur de moi ou pour me satisfaire, je leur répétais le verset suivant : ﴿*Ne sait-Il pas qu'Allah le voit ?*﴾[123].

J'ai remarqué que lorsque l'enfant atteint l'âge de sept ans, les renforcements matériels ne l'attirent pas puisqu'il mange chaque jour des friandises et que sa chambre est remplie de jouets. Il faut plutôt l'attirer par quelque chose qui est plus éminent que les cadeaux matériels, quelque chose qui le lie à l'Au-delà et grâce auquel il jouira du privilège d'être agréé par Allah -Puissant et Majestueux-, à savoir les bonnes actions. Cette technique a un effet magique dans l'amélioration du comportement de l'enfant et j'en ai fait plusieurs fois l'expérience.

Exemple : quand je disais à ma fille : « Range ces objets afin qu'Allah inscrive à ton actif de bonnes actions », elle s'empressait de le faire. Quand je lui disais : « Range ces objets afin que notre maison soit propre et bien rangée », elle me répondait : « C'est ma sœur qui les a mis ici et pas moi ! Demande-lui de les ranger ! ».

Pour résumer, l'enfant est comme une plante. Si nous l'entretenons depuis qu'elle est une jeune pousse, elle fleurira ; si nous la négligeons, elle s'abîmera et il deviendra difficile de lui permettre de s'épanouir par la suite.

Expérience 9

Je suis allée en hâte ouvrir la porte parce qu'on appuyait avec insistance sur le bouton de la sonnette. J'ouvris la porte et les deux étaient là devant moi, immobiles. Leurs traits de visage montraient bien qu'ils s'étaient disputés. Les oreilles de `Abd Allah (mon fils) étaient rouges. Je compris aussitôt qu'il s'était fait tirer les oreilles par son père. `Abd Allah me poussa et entra

---

[123] Coran, *al-`alaq* (S.96), 14.

dans la maison en pleurant et en jurant de ne plus jamais retourner à la mosquée. Son père s'assit dans un coin du salon et plongea sa tête entre les pages d'un journal. Je savais déjà que sa technique était vouée à l'échec. Il avait insisté pour que `Abd Allah qui n'a que quatre ans l'accompagne aux premières heures à la mosquée pour assister à la prière du vendredi. Il est difficile pour un enfant de rester immobile deux heures dans la mosquée. `Abd Allah venait de découvrir pour la première fois ce spectacle. Tout se qui se passait dans la mosquée était nouveau pour lui et le faisait réagir : la mosquée qui se remplissait de fidèles, la montée de l'imâm sur le minbar (la chaire), le silence qui régna brusquement à ce moment-là. Son agitation devenait plus grande quand il aperçut d'autres enfants. Quand l'imâm commença son prône, les réprimandes verbales de son père se transformèrent en une gestuelle mouvementée et des grimaces de mécontentement, au point que cela ressemblait à un combat entre les deux.

Après un moment de silence, son père me dit nerveusement : « Il m'a tout le temps dérangé et, cerise sur le gâteau, il m'a demandé de l'emmener aux toilettes en plein milieu du prône de l'imâm. Tu n'as qu'à imaginer la situation embarrassante dans laquelle il m'a mis », puis il poursuivit : « Il faut que mon garçon s'habitue tôt à la mosquée, sinon comment pourra-t-il s'accrocher à sa religion dans cette époque de tentation et de perdition ? ». Je me ressaisis un moment et je l'interrompis : « Tu viens de commettre une infraction à la religion ». Il me regarda avec des yeux rouges de colère et, avant même qu'il ne dise quoi que ce soit, je lui dis : « Rappelle-toi que l'Envoyé d'Allah ﷺ a dit : *« Ordonnez à vos enfants de prier dès l'âge de sept ans. S'ils se montrent réticents à l'âge de dix ans, punissez-les »*. Ton fils n'a encore que quatre ans. Es-tu maintenant content de ce que tu as fait ? As-tu entendu ce qu'il a dit ? Il a dit qu'il n'aime pas la mosquée et qu'il n'y retournera jamais. Tu peux bien te réjouir d'avoir réussi un bon départ pour inspirer à ton fils l'amour de l'adoration ! La vraie éducation ne consiste pas à le contraindre à accomplir des actes d'adoration, mais elle consiste plutôt à l'initier à l'adoration en la lui faisant aimer ».

Je le laissai réfléchir et j'accourus vers mon garçon en étant révoltée à l'idée qu'il soit traité comme un adulte par son père. Je le serrai contre ma poitrine. « A Allah ne plaise que mon fils déteste les maisons d'Allah ! » me dis-je. Je lui fis des câlins et quand il se calma, je lui demandai ce qui lui avait plu dans la mosquée. Son visage s'illumina d'une joie rayonnante et il se mit à me raconter avec son parler enfantin comment l'imâm est monté sur le minbar et a prononcé son prône et qu'il espérait lui aussi prononcer un prône devant les gens. Puis il me fit part de son étonnement de voir son père garder le silence et refuser de lui parler. Vu son âge, son comportement était normal et justifiable.

Son père connaît tout sur l'éducation des enfants, mais il manque d'atouts déterminants dans ce domaine ; il est impatient et coléreux, il manque de stratégie et d'objectivité, il ne donne pas assez de temps à son enfant pour apprendre les choses, il ne veut pas comprendre que les erreurs constituent un pont qui permet d'accéder en toute assurance vers ce qui est juste. A le voir se comporter de la sorte, on dirait qu'il a été créé parfait et qu'il n'a jamais commis d'erreurs dans sa vie.[124]

Expérience 10

﴿*Seigneur, fais de moi [un serviteur] qui accomplit la prière, ainsi que mes descendants ! Seigneur, veuille exaucer mon*

[124] Article d'Umm `Abd Allah Al-Ghazzî. Revue *majallatu al-usra*, n° 106, p. 82.

invocation !﴿[125]. Telle est l'invocation du Prophète Ibrâhîm ﷺ que je répétais en tout moment.

J'ai veillé à renouveler mon intention de plaire à Allah chaque fois que j'ordonnais à mes garçons d'accomplir la prière, notamment la prière de l'aube, et de se rendre à la mosquée, afin que ce geste de ma part soit inscrit à mon compte comme étant une bonne œuvre et un acte d'adoration par lesquels je me rapproche de mon Seigneur. Leur père et moi avons choisi d'habiter une maison qui est proche de la mosquée afin qu'ils puissent s'y rendre à chaque prière même quand leur père est absent. Ce qui m'a aidé dans cette mission c'est l'absence dans ma maison de tout instrument de divertissement illicite.

J'ai rendu mes enfants conscients de l'importance de la prière. Je les ai éduqués de manière à ce qu'ils donnent la priorité à la prière par rapport aux occupations de la vie, quelle que soit leur importance, qu'il s'agisse de la révision de leurs leçons, de leurs devoirs scolaires, ou autres.

Je me rappelle bien du jour où l'aîné de mes garçons me demanda de lui acheter un haut-parleur. Il avait à peine sept ans quand il me l'a demandé. Il aimait beaucoup cet appareil parce que son père l'emmenait régulièrement à la mosquée et que l'imâm -qu'Allah le récompense !- lui permettait d'allumer et d'éteindre le haut parleur de la mosquée.

Mon achat de cet appareil fut un bon stimulant pour mon fils. Il réunissait ses frères et les dirigeait en prière en imitant les imâms des mosquées, notamment ceux des deux lieux sacrés (la Mecque et Médine). Cet appareil fut le jouet préféré de mes enfants. Quand ils voulaient s'en servir dans leur jeu, je les orientais de loin et je leur disais : « Faites d'abord vos ablutions et prenez soin de bien accomplir votre prière afin qu'elle ne soit pas un

---

[125] Coran, Ibrâhîm (S.14), 40.

simple jeu, mais une œuvre pour laquelle Allah enregistre à votre actif une belle récompense ».

J'ai concrètement constaté l'effet de cet appareil sur leur attachement à la prière. Quinze années s'étaient écoulées et ce jeu resta toujours le principal jeu de mes enfants, tous âges confondus -qu'Allah en soit loué !-.

Ma langue invoquait Allah avec ferveur quand je voyais mes garçons sortir de la maison pour se rendre à la mosquée pour la prière de l'aube. Je répétais souvent cette prière : « Ô mon Dieu, fais que la prière soit la prunelle de leurs yeux ».

J'implore Allah de raffermir mon cœur, ainsi que celui de mes enfants et des enfants musulmans en général, dans la religion et la Sunna du Prophète Muhammad ﷺ.

Expérience 11

En ce qui concerne mon expérience personnelle dans l'initiation de mes enfants à la prière, je n'avais pas fixé à quel âge je devais commencer, mais je l'ai fait alors qu'ils étaient très jeunes, c'est-à-dire à un âge où ils devenaient attentifs à l'appel à la prière. Je les invitais à répéter ce que disait le muezzin en leur apprenant comment prononcer correctement chaque formule. J'utilisais la technique du renforcement positif en promettant une faveur au premier qui interrompait son jeu à l'appel de la prière et répétais ce que disait le muezzin.

Quand ils me posaient des questions sur le Paradis et l'Enfer, je profitais de l'occasion pour lier ce sujet à la prière en leur disant que celui qui accomplit la prière entrera au Paradis. Dans mes explications, j'essayais de leur inspirer, d'une part, le désir de plaire à Allah et de jouir de Son Paradis et, d'autre part, la crainte du courroux d'Allah et Son châtiment. Je jouais beaucoup sur la fibre émotionnelle de mes enfants.

Quand nous étions en voiture et que leur père s'arrêtait pour accomplir la prière dans une mosquée, je profitais de cet événement pour leur montrer l'importance de la prière, que son accomplissement à l'heure est obligatoire et que celui qui la retarde risque de subir le châtiment d'Allah.

J'utilisais cette méthode avant qu'ils n'atteignent sept ans. Après sept ans, c'est le style impératif qui prédominait dans mon comportement à leur égard. Je leur ordonnais d'accomplir la prière en leur inspirant le désir de jouir de la récompense d'Allah et en utilisant la technique des renforcements positifs. Quand je constatais qu'ils commençaient à négliger la prière, j'utilisais la technique des renforcements négatifs en les privant de certains privilèges.

Quand nos proches nous rendaient visite ou que nous leur rendions visite et que nos enfants et les leurs se réunissent ensemble, je veillais à ce qu'ils accomplissent la prière en groupe. Ils choisissaient l'un d'eux pour servir d'imâm, se mettaient en rang, les garçons devant et les filles derrière, et accomplissaient la prière. Quand ils terminaient, je les félicitais parce que cette mise en pratique collective de la prière a un effet positif non seulement sur mes enfants mais aussi sur les enfants de mes proches.

Fatwa[126]

Question :

L'imamat de la prière d'un enfant est-elle valide ?

Réponse :

[126] Recueil de fatwas du shaykh Ibn Bâz. Section : les ablutions et la prière (2/391-392).

L'imâm d'un enfant est valide s'il est quelqu'un de raisonnable et qui accomplit parfaitement la prière. Al-Bukhârî rapporte dans son sahîh que `Amr b. Salama Al-Jurmî a dit : « Mon père revint de chez l'Envoyé d'Allah ﷺ et transmit à son peuple la parole suivante du Prophète ﷺ : *« Lorsque le moment de la prière arrive, que l'un de vous fasse l'appel à la prière et que celui d'entre vous qui connaît le plus de sourates du Coran par cœur vous serve d'imâm »*. Les gens cherchèrent celui qui, parmi eux, connaissait le plus de sourates par cœur et ils ne trouvèrent personne qui avait mémorisé le Coran mieux que moi. Je n'avais à ce moment-là que six ou sept ans ».[127]

Expérience 12

Ma fille est en classe de sixième. Elle est très intelligente, mais elle est têtue, difficile et a une forte personnalité.

Je lui ai apporté une cassette comportant divers discours sur l'importance de la prière et ce qu'encourt celui qui y renonce et des histoires émouvantes racontant la fin malheureuse de ceux qui négligent la prière. Au début, je lui ai donné envie d'écouter la cassette. Je lui ai raconté une des histoires qui y est enregistrée. Elle l'a beaucoup aimée et elle m'a demandée de lui en raconter d'autres. Je lui dis : « Ecoute la cassette et tu y trouveras beaucoup d'histoires ». Ce qu'elle fit.

Je lui parlais de temps à autre des six piliers de la foi et des signes majeurs et mineurs de l'Heure en lui fournissant chaque fois de nouveaux enseignements, afin de développer chez elle le côté spirituel et la prédisposer ainsi à répondre positivement à l'ordre d'Allah et de Son Envoyé, notamment l'ordre de prier.

---

[127] Dans une autre version rapportée par Abû Dâwûd, `Amr b. Salama a dit : « Je leur servais d'imâm alors que je n'avais que sept ou huit ans.

Quand elle terminait la prière, je la serrais parfois tendrement contre ma poitrine et je lui faisais entendre des messages de félicitation et d'encouragement tels que : « Comme ton visage est resplendissant. J'y contemple l'effet de la prière », « La prière dilate ta poitrine et te rend heureuse tout le temps », « Celui qui accomplit la prière, Allah l'aide à réussir dans ses études et ses autres affaires », « En accomplissant la prière, Allah t'aimera. Si Allah t'aime, tu seras aimée par tout le monde : tes parents, tes proches, tes amis et tes enseignants ».

Je la mettais en garde contre la renonciation à la pratique de la prière. Quand elle négligeait parfois la prière, je manifestais à travers les traits de mon visage de l'émotion, de la compassion, de l'amour et de la crainte que le châtiment divin ne s'abatte sur elle. Je lui disais en outre : « La négligence de la prière marque le visage de la personne d'une obscurité, rend sa poitrine étroite et voue ses projets à l'échec. Si tu rencontres des difficultés dans tes affaires, c'est à cause de cette négligence ».

Quand elle continuait de négliger la prière, le ton de mes propos devenait sévère et je lui disais : « Je trouve inadmissible le fait que quelqu'un vive avec nous, sous notre toit, partage notre repas, s'assoit avec nous, soit entouré de toute notre attention tandis qu'il ne partage pas notre foi ».

J'employais également la technique du renforcement négatif en la privant de câlins, ou en cessant de lui adresser la parole, ou en déclarant : « Je n'aime pas les gens qui ne prient pas ».

J'attirais son attention sur les bienfaits d'Allah en lui disant : « Tu manges de la nourriture d'Allah, c'est Lui qui te facilite sa digestion et fais en sorte que tu la savoures, tu respires Son air et tu marches sur Sa terre, pourquoi alors ne Lui témoignes-tu pas de la reconnaissance et ne L'adores-tu pas ? ». Je lui disais aussi : « Si quelqu'un t'a rendu un service une seule fois, tu le remercieras chaque fois que tu le rencontreras. Que dire alors de

Celui qui veille sur toi depuis que ta mère t'a enfantée et même avant ? ».

Quand je constatais qu'elle avait omis d'accomplir une prière prescrite ou l'avait retardée, je lui disais avec un ton culpabilisant : « Demande pardon à Allah ». Elle me répondait : « Je suis désolée, j'ai oublié ». Je lui disais : « Excuse-toi auprès d'Allah et non pas auprès de moi. Demande-Lui pardon et rapproche-toi de lui en accomplissant de bonnes œuvres ». Je voulais par là la lier à Allah et non pas à moi, afin qu'elle Lui obéisse en secret et en public, Le craigne et œuvre pour Lui plaire.

Je louais Allah de la voir s'améliorer jour après jour. J'implore qu'Allah affermisse son cœur dans la prière.

Elle commence maintenant à inviter sa petite sœur à accomplir la prière. Des fois, je passe près de sa chambre sans intention de la surveiller et je l'entends expliquer à sa sœur les six piliers de la foi et lui donner des conseils. Elle fait avec sa sœur ce que je faisais avec elle.

Je ne peux que louer Allah qui ne laisse jamais perdre la récompense de celui qui fait le bien.

Expérience 13

Au début, j'ai veillé à implanter dans le cœur de mes enfants l'amour de Celui qui leur a ordonné de prier, Allah le Tout-Miséricordieux, puis celui qui leur a transmis cet ordre, le Prophète Mu<u>h</u>ammad ﷺ. Je profitais de chaque occasion pour le faire. Cela n'est pas difficile, mais ce qui est difficile c'est l'art de simplifier l'information pour qu'ils parviennent à la comprendre.

Les histoires que je leur racontais avant de dormir étaient l'un des moyens que j'utilisais pour implanter l'amour d'Allah et de Son Envoyé dans leurs cœurs. Je me suis aidée des histoires qui se trouvent dans le Coran et celles qui se trouvent dans les livres qui racontent la vie du Prophète ﷺ et ses Compagnons. Je sais très bien que lorsque mes enfants aiment Allah et Son Envoyé, ils se conformeront facilement à tous les ordres d'Allah avec à leur tête l'ordre d'accomplir la prière.

Parmi les techniques que j'utilisais également, il y avait celles-ci :

- Quand je réveillais mes enfants pour la prière de l'aube les jours où ils devaient aller à l'école, je ne leur disais pas : « Levez-vous pour aller à l'école » mais je leur disais : « Levez-vous pour accomplir la prière ». Ainsi ils accomplissaient la prière de l'aube et se préparaient pour se rendre à l'école.

- Parfois mes enfants se trouvaient partagés entre le désir de continuer le jeu dans lequel ils étaient absorbés, ou une activité prenante, et le devoir d'accomplir la prière. Je regardais alors l'heure ; s'ils avaient encore largement de temps pour la faire, je les laissais à leur aise ; quand ils terminaient leur jeu ou leur activité, je leur rappelais l'importance d'accomplir la prière à l'heure.

- Je leur disais souvent : « La prière est le pilier central de la religion ». Je prenais un stylo, je mettais dessus un mouchoir en papier, puis je laissais tomber le stylo qui entrainait dans sa chute la chute du mouchoir. Je cherchais par cette démonstration à les rendre conscients de la gravité de la prière.

- Je récitais avec eux le Coran et je leur expliquais les versets avec un style simple. Je veillais dans mon explication à leur faire comprendre que seul celui qui accomplit des œuvres pies mènera une bonne vie dans ce monde et dans l'Au-delà et que l'œuvre pie la plus importante est la prière.

- Je leur racontais des histoires d'hommes qui étaient assidus à la prière et qui avaient mené une carrière brillante dans leur vie.

- Quand l'un de mes enfants me parlait d'un ami qu'il aimait, les premières questions que je lui posais étaient les suivantes : « Est-ce que ton ami prie ? », « Est-ce qu'il prie précipitamment ou sereinement ? », « Rit-il au cours de la prière ? ». Ensuite je l'interrogeais sur les autres qualités de cet enfant.

Une histoire à raconter aux enfants

S'il y a une histoire sur la prière qui mérite d'être racontée à nos enfants, ce sera bel et bien celle du « Voyage nocturne et de l'Ascension » *-al-isrâ' wa-l-mi`râj-*. C'est au cours de cet événement que notre Prophète ﷺ reçut une Révélation le chargeant de transmettre à sa communauté l'ordre d'accomplir cinq prières par jour.

Cette année-là Jibrîl invita l'Envoyé d'Allah à monter al-Burâq (un animal tenant de la mule et de l'âne) et tous deux firent en une partie de la nuit le voyage de la Mosquée sacrée à Bayt al-Maqdis (Jérusalem). Le Prophète effectua ce voyage avec son corps, comme le prouvent les hadiths authentiques. Arrivé à Bayt al-Maqdis, il attacha la bête à l'anneau de la porte de la mosquée, puis entra et dirigea en prière tous les prophètes[128].

De Bayt al-Maqdis, il fut élevé cette nuit-même vers le ciel le plus bas. L'ange Jibrîl عليه السلام demanda qu'on lui ouvre la porte de ce ciel et on le leur ouvrit. A cet endroit, le Prophète ﷺ rencontra Adam. Il le salua et Adam répondit à son salut, l'accueillit chaleureusement et reconnut sa prophétie. Le Prophète ﷺ put voir à droite d'Adam les âmes de la descendance de celui-ci qui jouiront de la félicité et à sa gauche les âmes de sa descendance qui seront voués aux tourments.

128 Hadith rapporté par Muslim (172).

L'Ascension continua et il rencontra au deuxième ciel Yahyâ (Jean) عليه السلام et `Îsâ (Jésus) عليه السلام, au troisième ciel Yûsuf (Joseph) عليه السلام, au quatrième ciel Idrîs عليه السلام, au cinquième ciel Hârûn عليه السلام. Au sixième ciel, il rencontra Mûsâ (Moïse) عليه السلام et quand il le dépassa vers le ciel supérieur, Mûsâ عليه السلام pleura. « Qu'est-ce qui te fait pleurer ? » lui demanda-t-on. Il dit : « Ce jeune homme envoyé après moi, verra entrer au Paradis de son peuple un nombre plus élevé que celui de ma communauté ». Il fut ensuite élevé au septième ciel où il rencontra Ibrâhîm, puis il vit le « lotus de la limite » *-sidrat al-muntahâ-* et la Kaaba céleste *-al-bayt al-ma`mûr-*. Au sommet de son ascension, il s'approcha de son Seigneur jusqu'à être ﴿*à deux portées d'arc, ou plus encore*﴾[129] et ﴿*Allah révéla à Son serviteur ce qu'Il révéla*﴾[130].

A ce niveau de son ascension, il reçut pour son peuple l'ordre d'accomplir cinquante prières. Sur la voie du retour, alors qu'il passait devant Mûsâ, celui-ci lui demanda : « Combien de prières t'a-t-on imposées ? – *Cinquante prières par jour*, lui répondit-il. – Ta communauté ne supportera pas cette charge. Retourne à ton Seigneur et demande-Lui d'alléger le fardeau pour ta communauté ». Le Prophète ﷺ se tourna vers Jibrîl comme s'il voulait lui demander son avis et Jibrîl lui dit : « Oui, si tu veux » ; Il revint donc en arrière et demanda à son Seigneur un allégement. Il enleva dix prières. Il repassa ensuite devant Mûsâ qui lui posa la même question et fit la même remarque qu'auparavant, de sorte qu'il retourna d'où il venait et ne cessa de faire cela jusqu'à ce que le nombre de prières soit réduit à cinq. Revenu près de Mûsâ, il lui posa encore une fois la même question à laquelle il répondit : *« J'ai honte de retourner encore une fois pour la même raison et je me résigne de bon cœur »*[131]. Quand il s'éloigna, un héraut lança cet appel d'Allah : *« Ma*

---

[129] Coran, *an-najm* (S.53), 9.
[130] Coran, *an-najm* (S.53), 10.
[131] Voir le sahîh d'Al-Bukhârî (3207).

décision concernant cette obligation est déjà faite et J'ai bien allégé la charge pour Mes serviteurs. Il s'agit de cinq prières, mais qui sont comptées comme étant cinquante prières ».

Le matin, l'Envoyé d'Allah était déjà à la Mecque. Lorsqu'il raconta son voyage aux Qurayshites, ils démentirent aussitôt et lui demandèrent de leur décrire la Mosquée de Jérusalem. Le Prophète ﷺ s'y était rendu la nuit et n'avait pas tout vu de manière claire. A ce moment-là Allah lui montra clairement cette mosquée et il se mit à leur en décrire les détails sans qu'ils ne puissent contester quoi que ce soit[132]. Il leur décrivit aussi leurs caravanes et le chameau qui marchait devant elles quand il était sur le chemin du retour, indiquant le lieu où elles se trouvaient et le moment auquel on pouvait s'attendre à les voir arriver à la Mecque. Effectivement, tous ces détails furent conformes à ce qu'il avait dit, mais cela n'avait fait qu'aviver leur dissentiment.

Femme embarrassée

Cela ne sert à rien d'ordonner à mes enfants de prier. Ils prient seulement devant moi tandis qu'en mon absence, ils ne prient pas. D'ailleurs même en ma présence, ils ne prient que lorsque je le leur ordonne et ils la font à contrecœur et en manifestant de la lassitude.

Je me sens fatiguée et lassée de leur comportement. Ils m'ont énormément déçue et je commence à perdre leur contrôle et à ne plus les suivre comme auparavant.

A cette mère nous répondons :

Ne sois pas embarrassée. Tu réveilles bien tes enfants pour qu'ils aillent à l'école. Tu sais très bien qu'ils ne s'exécutent pas tout de suite et que si tu ne les réveilles pas, ils ne le feront pas de leur propre initiative. Si tu ne leur demande pas de réviser leurs

[132] Hadith rapporté par Al-Bukhârî (3886) et Muslim (170) selon Jâbir ﷺ.

leçons, ils ne le feront pas. Tu vois bien que même quand ils acceptent d'exécuter tes ordres, ils le font paresseusement et manifestent leur lassitude. Et pourtant tu ne te dis pas : « J'en ai assez » et même s'il t'arrive de le dire, tu ne démissionnes pas et tu continues de les accompagner dans leurs études. Qu'il fasse très froid ou très chaud, tu les réveilles quand-même pour qu'ils aillent à l'école. Quand il s'agit des exigences de la vie, tu fais preuve d'une persévérance et d'une lutte extraordinaires au point qu'on se demanderait d'où as-tu puisé toute cette énergie.

Chaque fois que tes enfants terminent un cycle scolaire, tu veux qu'ils terminent le cycle suivant, sans jamais te dire : « Assez ! Vous m'avez fatiguée ! Arrêtez vos études ! ». Pourquoi ? Parce que tu sais qu'ils sont en train d'évoluer sur un chemin qui leur garantira un certain bonheur dans ce monde par l'accès à un poste élevé et l'obtention d'un salaire confortable.

Crains Allah, chère sœur, et habitue tes enfants à donner la priorité aux affaires de l'Au-delà par rapport aux affaires de ce monde. Que les révisions de leurs cours ne soient pas plus importantes que leurs sorties à la mosquée pour prier. Tu ne peux tirer aucune fierté de l'accès de tes enfants à un poste éminent s'ils font partie de ces hypocrites qui prient devant les gens pour un intérêt personnel, ou des mécréants qui ne prient absolument pas. Tu peux en revanche être vraiment fière d'enfants qui mangent ce qu'ils gagnent du travail de leurs mains et participent assidûment aux prières collectives. S'ils réussissent les deux (le haut rang social et la piété), tant mieux.

Si tu n'acceptes pas leur baisse de niveau scolaire, comment acceptes-tu leur baisse de niveau de mérite auprès du Seigneur des univers.

Sais-tu que l'une des qualités des hypocrites est la suivante : « Si on lui fait confiance, il trahit ». Ne trahis pas le dépôt de confiance dont tu as été accrédité.

Expérience 14

Rôle de l'épouse

Voici mon expérience dont je souffre encore aujourd'hui à cause de mon mari. Il est un homme pieux -qu'Allah en soit loué !- et il accomplit à l'heure toutes les prières canoniques, sauf la prière de l'aube, il a le sommeil trop lourd.

Voici les techniques que j'ai utilisées :

1- Dormir tôt → cette technique ne fait que rendre son sommeil trop profond.

2- Asperger son visage d'eau → je reçois un flot d'insultes.

3- Retrait de la couverture → il promet de se lever, puis se rendort.

4- Le secouement et les cris → cette technique me fatigue car il demeure insensible à mes secouements et mes hurlements. Cela peut durer jusqu'au lever du soleil.

Je souffre toujours et je cherche une solution à ce problème.

Chers frères, chères sœurs, je vous ai raconté ma douloureuse expérience, l'expérience d'une femme qui a tenté ces techniques avec une foi sincère et une grande détermination, et qui parle de son mari et non pas de ses enfants, afin que vous vous rendiez compte de la négligence de l'initiation des enfants à la prière de l'aube. En effet, ces enfants deviendront des adultes, se marieront et auront des enfants tout en continuant de retarder la prière par rapport au moment qui lui est assigné. Comment ces gens-là peuvent initier leurs enfants à accomplir la prière de l'aube alors qu'eux-mêmes ne se réveillent pas à l'heure ?

A cela s'ajoute la souffrance de leurs épouses qui vivent la même situation que moi. Au lieu d'aider leurs épouses dans l'obéissance à Allah, ils deviennent eux-mêmes des fardeaux qui aggravent le problème. Mon mari a terriblement failli à son devoir d'habituer ses enfants à l'accomplissement de la prière de l'aube à son heure et même à leur ordonner de la faire.

Conseil :

Qu'Allah aide cette femme à qui je propose de ne pas réveiller son mari pour qu'il aille à son travail que s'il se réveille avec elle pour la prière de l'aube. Qu'elle se montre ferme afin de l'aider à faire un effort sur son âme et contre satan. N'est-il pas son mari bien-aimé ? Une femme croyante n'acceptera pas que son mari soit châtié dans l'Au-delà par des coups de pierre qui lui fracassent le crâne parce qu'il dormait sans faire les prières prescrites. Aide-le sans fléchir.

Samura b. Jundub ﷺ rapporte : « Parmi les questions que posait le plus souvent l'Envoyé d'Allah ﷺ à ses Compagnons, on trouve celle-ci : « *Est-ce que l'un de vous a vu quelque chose en rêve ?* » Ainsi celui qui avait eu un rêve le lui racontait. Un matin, il nous dit : « *Cette nuit deux visiteurs me sont venus en rêve. Ils m'ont réveillé et m'ont dit : « Viens avec nous ! » Je partis avec eux et nous trouvâmes un homme étendu sur le côté. Près de lui se tenait debout un homme portant une grosse pierre. Il frappait le crâne du premier jusqu'à le lui fracasser. La pierre roulait plus loin et il allait la récupérer. Le temps qu'il retournait auprès de l'homme étendu, sa tête redevenait aussi saine qu'au départ. Alors il le frappait encore et lui fracassait à nouveau le crâne, ainsi de suite. Je dis aux deux visiteurs : « Grand Dieu ! Qui sont ceux-là ? - Avance ! Avance ! dirent-ils »* jusqu'à ce qu'il dise : « *Les deux visiteurs me dirent : « Maintenant nous allons t'informer. Le Premier homme devant lequel tu es passé et dont on fracassait le crâne avec une pierre, est celui qui apprenait le*

Coran et refusait de le mettre en pratique, il avait aussi l'habitude de dormir sans faire les prières prescrites » ».[133]

Expérience 15

Rôle de l'instituteur

Quand je voulais accomplir la prière, je ramenais mon fils et je le mettais à côté de moi. Il se mettait alors à m'imiter au cours de la prière. Avec le temps, il s'est habitué à prier plusieurs fois par jour.

Un jour, arriva un événement qui eut un impact heureux sur mon mari, mes enfants et moi. L'instituteur de mon fils qui était en classe de cinquième dit aux élèves : « L'élève qui accomplit la prière dans la mosquée aura une récompense ». J'avoue que mon mari et moi ne nous réveillions pour la prière de l'aube que très rarement. Mon fils ne cessait depuis de pleurer et de se plaindre à nous que ses camarades de classe qui vivent dans le même quartier disaient à l'instituteur qu'il ne se rendait pas à la mosquée pour la prière de l'aube. Je ne voulais pas qu'il y aille tout seul dans l'obscurité. J'ai alors réglé le réveil à l'heure de la prière de l'aube. Quand le réveil sonna, je me suis réveillée et j'ai réveillé son père pour qu'il l'accompagne à la mosquée. Depuis ce jour, aucun d'entre nous ne retarda la prière par rapport au moment qui lui est assigné.

Expérience 16

Rôle de l'imâm de la mosquée

D'habitude, quand c'est l'heure de la prière et que mon mari dort encore, je demande à mon fils Ibrâhîm de le réveiller et il s'exécute avec empressement. Son père lui propose alors de

---

[133] Hadith rapporté par Al-Bukhârî 12/438 -*Fath Al-Bârî*- et Muslim 2275.

l'accompagner à la mosquée et il accepte avec joie. Son père profite alors de l'occasion pour lui rappeler qu'il doit respecter les règles de la mosquée et de la prière et ne pas être trop bruyant. Il lui promet souvent de lui acheter des friandises s'il lui obéit.

Un jour, Ibrâhîm est revenu très content de la mosquée et me dit : « J'ai salué l'imâm de la mosquée et il m'a offert une cassette » puis, se tournant vers son père, il lui dit : « J'irai avec toi chaque jour à la mosquée ».

J'appris que l'imâm -qu'Allah le récompense- avait parlé à mon fils, prononcé des prières pour lui pendant qu'il était assis à côté de lui et lui avait demandé de revenir le voir lors de la prochaine prière. Tout cela a encouragé mon fils à être impatient de revenir à la mosquée.

Quant à ma fille Shaymâ', je lui ai dit que celui qui renonce à la pratique de la prière, Allah rendra son visage sombre tandis que celui l'accomplit assidûment aura une lumière sur son visage. Elle me manifeste son désir de voir son visage s'illuminer grâce à la prière et sa crainte de voir son visage s'assombrir à cause des péchés.

La méthode idéale à mes yeux c'est le dialogue, les renforcements positifs (cadeaux, câlins, etc.) et la répétition de l'ordre de prier.

Le Prophète ﷺ a dit : *« La prière est une lumière »*. Cela signifie qu'elle est une lumière dans le cœur. Quand le cœur s'illumine, le visage également s'illumine et la poitrine se dilate et se détend. La prière est également une lumière dans la tombe [du fidèle]. La tombe est obscure. Le mort n'y voit ni soleil ni lune. S'il fait partie de ceux qui priaient dans ce monde, sa tombe s'illumine. Elle est aussi une lumière le Jour de la résurrection ; Allah a dit en effet : ﴾*Le Jour où tu verras les croyants et les croyantes avec leur lumière évoluant devant eux et à leur droite*﴿[134].[135]

Expérience 17

Rôle des grands frères

Les enfants aiment imiter leurs aînés. Je me suis servie de cette disposition pour faire désirer la prière à mes enfants.

J'ai encouragé mes filles à prier en leur apportant des tapis de prière et des voiles. Quant à mes garçons, je les ai incités à prier en accordant des privilèges à ceux qui se montrent assidus à la prière. J'ai veillé à implanter en eux l'esprit de concurrence en matière d'adoration comme a dit Allah -exalté soit-Il- : ﴾*C'est pour une telle faveur que les émules doivent entrer en compétition*﴿[136].

Je rappelais toujours à mes enfants que celui qui renonce à la pratique de la prière tombe dans la mécréance et encourt ainsi le châtiment de l'Enfer -qu'Allah nous en préserve !-.

Je les avertissais de temps à autre que je pouvais excuser beaucoup de leurs bêtises, y compris leur négligence de certains de leurs devoirs envers moi, mais que je n'excuserai pas leur négligence des droits d'Allah et qu'en cas d'entêtement je pourrais recourir à la punition -punition appropriée bien sûr-.

Les plus grands de mes garçons m'ont aidée à habituer les plus jeunes à la prière. L'aîné de mes garçons emmenait souvent le plus jeune à la mosquée. J'ai réussi à les rendre profondément conscients de l'importance de la prière, au point que lorsque les plus grands sont absorbés par leurs occupations au moment de la prière, les plus jeunes les avertissent qu'il est temps de prier.

---

[134] Coran, *al-ḫadîd* (S.57), 12.
[135] *Min aḫkâm as-ṣalât* d'Ibn `Uthaymîn, p.5.
[136] Coran, *al-muṭaffifîn* (S.83), 26.

Ibn Taymiyya a dit : « Celui qui a à sa charge un jeune domestique, ou un orphelin, ou son propre enfant, mais qui ne lui ordonne pas d'accomplir la prière, qu'il sache que la loi punit le maître qui ne s'acquitte pas de cette mission envers ceux qui sont sous son autorité. Le juge peut même infliger une peine sévère à cause d'une telle négligence, car il a désobéi à Allah et à Son Envoyé ».[137]

Expérience 18

Rôle de la sœur

J'ai habitué mon frère qui a sept ans à la prière dans la mosquée. Quand l'heure de la prière arrive et qu'il est encore en train de jouer, je lui rappelle qu'il faut qu'il aille à la mosquée. Quand il refuse d'y aller, je l'avertis que je le dirai à mon père. Des fois, il prend ma menace au sérieux et s'y rend, mais des fois il fait la sourde oreille et continue de jouer. J'appelle alors mon père au téléphone et j'invite mon frère à répondre. Mon père lui fait quelques réprimandes, sans être trop sévère pour ne pas lui faire détester la prière, et mon frère s'exécute. Quand il retourne de la mosquée, je le félicite et je lui offre un cadeau.

Maintenant il ne rate presque aucune prière, sauf parfois quand il est vraiment absorbé par un jeu ou quand il dort.

Expérience 19

Rôle du frère

Abû `Abd Allah qui est aujourd'hui âgé de soixante-dix ans nous raconte :

Mes frères et moi étions éduqués très jeunes pour accomplir assidûment et ponctuellement la prière. Se présenter tôt à la

---

[137] Recueil de fatwas d'Ibn Taymiyya -*majmû` al-fatâwâ*- (22/51).

mosquée pour participer à la prière collective était devenu pour nous une habitude que nous respections sans la moindre difficulté.

Cependant un de mes frères qui venait d'atteindre l'âge de l'adolescence ne nous accompagnait pas pour la prière de l'aube malgré plusieurs tentatives pour le réveiller. Son sommeil était lourd. Je n'acceptais pas le fait qu'il n'assiste pas avec nous à la prière de l'aube. Pour l'encourager à l'accomplir, je lui dis : « Si tu accomplis assidûment la prière de l'aube en groupe durant deux semaines, je t'offrirai un cadeau de valeur qui te plaira ». Il savait que j'étais sincère et il commença à se réveiller avec nous à l'aube et à accomplir la prière à l'heure.

Quinze jours passèrent sans qu'il ne manque la moindre prière de l'aube. Comme promis, je lui apportai le cadeau mais il refusa de le prendre et me dit : « Je prie pour Allah seul. Qu'Allah te récompense de m'avoir aidé à faire davantage effort sur moi-même ! ».

Allah a dit : ﴿Malheur -wayl- aux fidèles -muṣallîn- qui sont distraits de leur prière﴾[138].

Le terme wayl signifie : « Que leur lot soit le châtiment ou la perdition ! ». Selon certains exégètes, le terme wayl désigne un fleuve de la Géhenne conçu pour ces gens-là.

Remarquons qu'Allah les a qualifiés de muṣallîn (fidèles qui prient), mais il les a menacés par le wayl car ils retardent la prière par rapport au moment qui lui est assigné.

---

[138] Coran, *al-mâ`ûn* (S.107), 4-5.

Expérience 20

Après l'aide d'Allah, je demandais toujours à mon mari et à mes plus grands enfants de m'aider à initier les plus jeunes à la prière. Quand l'heure de la prière arrivait, les plus grands avertissaient les plus jeunes pour qu'ils s'y préparent. S'ils les trouvaient en train de dormir, ils les réveillaient.

Ma technique consistait à leur faire aimer la prière en leur exposant les versets coraniques et les hadiths qui parlent du mérite de l'empressement à accomplir la prière. Je leur répétais souvent la parole suivante d'Allah : ﴿*Et les devanciers ! ... Ah ! Les devanciers ! Ce seront eux les rapprochés*﴾[139]. Je leur décrivais le Paradis comme cela est détaillé dans les sourates *al-wâqi`a* (S.56), *al-insân* (S.76) et d'autres sourates.

Je les motivais par des chants comme le suivant :

Cher fils ! Fais tes ablutions et lève-toi pour prier

Prie pour ton Seigneur, tu jouiras de Son agrément

Quand Allah est satisfait d'un musulman

Il lui accorde le bonheur et la tranquillité

D'une manière générale, quand mes enfants atteignent dix ans, ils sont déjà habitués à la prière -qu'Allah en soit loué !-. S'il leur arrive de ne pas la faire à la mosquée, à cause d'un empêchement, ils la font à la maison.

J'ai veillé à lier leur quotidien à l'obéissance à Allah en leur disant : « Tout ce qui arrive de bon à l'homme comme la richesse et le fait d'être respecté, il le doit à son observation scrupuleuse et assidue des rites prescrits par Allah. Allah a dit en effet : ﴿*Quant à ceux qui croient et effectuent des œuvres pies, le Tout-*

---

[139] Coran, *al-wâqi`a* (S.56), 10-11.

Miséricordieux fera d'eux des serviteurs aimés»[140] et Il a dit : «*Quiconque craint Allah, Allah lui facilitera ses affaires*»[141].

Parmi les techniques que j'utilisais, il y a le fait que j'accorde plus de privilèges à celui qui prie à l'heure qu'à celui qui la retarde. Mon arme qui ne me quitte jamais est l'invocation, surtout l'invocation suivante : «*Seigneur, accorde-nous un motif de satisfaction en la personne de nos femmes et de nos descendants et fais de nous des guides pour ceux qui Te craignent*»[142].

Allah le Très-Haut a dit : «Quant à ceux qui croient et effectuent des œuvres pies, le Tout-Miséricordieux leur accordera de l'amour (traduction littérale)»[143].

Cela signifie qu'Allah mettra dans le cœur de Ses serviteurs de l'amour pour ceux qui ont la foi et effectuent des œuvres pies et ce, de manière spontanée, c'est-à-dire sans qu'ils aient cherché à les aimer par l'emploi des moyens qui suscitent cet amour. De même Allah jettera de l'effroi dans les cœurs de leurs ennemis.[144]

Expérience 21

Quand tu entends l'appel du muezzin, mets fin à tout ce qui est susceptible de distraire tes enfants (les jeux, la télévision, la lecture, les travaux ménagers, le téléphone portable, etc.).

Veille à assurer à tes enfants une ambiance qui les aide à accomplir sereinement la prière.

Voici quelques directives :

- Le repas :

[140] Coran, *Maryam* (S.19), 96.
[141] Coran, *at-talâq* (S.65), 4.
[142] Coran, *al-furqân* (S.25), 74.
[143] Coran, *Maryam* (S.19), 96.
[144] *Fath al-Qadîr* de l'imâm Ash-Shawkânî.

Ne prépare pas la table au moment de la prière. Fais-le avant ou après ce moment.

- Le sommeil :

Habitue ton enfant à ne se mettre au lit qu'après qu'il ait accompli la prière du *`ishâ'*.

- La révision des leçons :

Quand tu demandes à tes enfants de réviser leurs leçons et que l'heure de la prière arrive, donne-leur suffisamment de temps pour prier sereinement. Ne les réprimande pas s'ils reviennent de la prière quelques minutes en retard, afin de les habituer à donner de l'importance à la religion plus qu'aux devoirs de la vie.

- Les sorties :

Quand tu veux sortir avec tes filles, chère sœur, et que le moment de la prière arrive, donne-leur suffisamment de temps pour prier avec sérénité et humilité. Certaines mères s'impatientent quand leur fille prie et se mettent à crier : « Prie vite car tu nous tardes ! ». La pauvre fille se met alors à se prosterner et à se relever de ses prosternations si rapidement qu'on dirait un coq en train de becqueter le sol.

Que ton souci, chère sœur, soit d'être la première à accéder au Paradis et non d'être la première à sortir. Empresse-toi d'accomplir les actes d'obéissance à Allah, mais ne t'empresse pas de les finir une fois que tu les as commencés.

Quand tu sors de la maison avec tes filles, tu ne sais pas ce qui pourrait vous arriver en cours de chemin. Veille alors à ce que ta fin et la leur soient des fins heureuses.

Maintenir le contact avec son enfant par le téléphone

Dans les moments de la journée où ton enfant est loin de toi, maintiens le contact avec lui en le joignant sur son téléphone portable ou le téléphone de quelqu'un qui se trouve dans les environs pour l'avertir de l'heure de la prière.

Je te propose de lui envoyer des messages doux sur son téléphone pour lui rappeler le moment de la prière.

Voici quelques exemples de messages que tu peux envoyer à tes enfants et que tu peux garder dans la mémoire de ton téléphone en cas de besoin :

- Profite de ta vie en accomplissant la prière.

- Je serai content, cher enfant, si tu accomplis la prière du *ẕuhr* maintenant.

- C'est l'heure de la prière mon chéri/ma chérie.

- Préserve la lumière de ton visage et de ton cœur en accomplissant la prière.

- Accomplis, mon enfant, la prière du soir *-maghrib-*. Qu'Allah nous réunisse ensemble au Paradis.

- Les dernières volontés de l'Envoyé ﷺ étaient : « *Je vous recommande la prière ! Je vous recommande la prière !* ».

- N'oublie pas de prier, toi qui es maintenant l'homme de la maison.

- N'oublie pas de prier, toi qui es l'étoile qui illumine la maison.

- Ne néglige pas la prière. Allah appose un sceau au cœur de ceux qui négligent la prière.

- Prie, chère fille, afin que ta fin soit heureuse.

- L'abandon de la prière est un signe annonciateur de l'échec et de la mauvaise fin. Je dis cela à titre de rappel, sinon je sais très bien que tu n'abandonneras jamais la prière.

- Celui qui renonce à la pratique de la prière est loin d'Allah, les gens le détestent. Qu'Allah t'inspire de ne jamais l'abandonner.

- L'un des secrets de l'amour que j'éprouve pour toi, c'est ton assiduité à la prière.

- Pas à pas vers la mosquée, vers une belle récompense d'Allah.

- Ils t'ont devancé ! … Qui sont-ils ? … Les fidèles dans la mosquée … Rattrape-les !

﴾ *Seigneur, fais de moi [un serviteur] qui accomplit*

la prière, ainsi que mes descendants !

Seigneur, veuille exaucer mon invocation !

Seigneur ! Accorde-moi Ton pardon,

ainsi qu'à mon père, à ma mère et

aux croyants le Jour de la reddition des comptes ﴿.[145]

Prière et paix sur notre Prophète bien-aimé, ainsi que sur sa famille, ses Compagnons et ceux qui les ont pieusement suivis.

---

[145] Coran, *Ibrâhîm* (S.14), 40-42.

Table des matières

Expériences des parents dans l'initiation de leurs enfants à la prière

A lire chez l'éditeur ALMADINA

Les Lumières de La Prière Shaykh Farîd Al-Ansâri

La Baraka -Avoir la Bénédiction dans son Temps, dans ses biens et dans toutes ses affaires - Dr Amîn Ash-Shaqâwî

Se Protéger des Ruses de Satan L'imâm Ibn Al-Qayyim

Faire Aimer La Prière à Nos Enfants Mohammed karimi et Abou Omar Alkhalidi

La Servitude L'imâm Ibn Al-Qayyim

Océans des Larmes L'imâm Ibn Al- Jawzi

En Compagnie du Prophète du Réveil au Coucher Shaykh Wahîd Bâlî

Maîtriser sa Colère et celle de son Enfant \`Âdil Fathî \`Abd-Allah

Al-Hijama Le Remède Miraculeux Etude Religieuse et Vérités Scientifiques

Dialogue Réussi - Bien communiquer avec les gens Dr Târiq b. \`Alî Al-Habîb

Erreurs dans l'éducation des enfants et Solutions pratiques Saad Karîm Al-Fiqqî

La Voie de la Patience L'imâm Ibn Al-Qayyim

Faits Marquants La Vie du Prophète Shaykh Wahîd Bâlî

Commentaires Sur Les Grands Péchés d'Adh-Dhahabi Shaykh Al-\`Uthaymîn

J'Aime Mon Epouse \`Âdil Fathî \`Abd-Allah

Es-Tu Aimé Par Allah ? L'Imâm Ibn Al-Qayyim

L'Amour Conjugal et La Famille Bienheureuse Le Mariage et Le Bonheur Familial Mahmûd Ibn Al-Jamîl

Mettre Fin aux Suggestions de Satan \`Abd Allah al-\`Atîq

Les Secrets du Hidjab - Voile et Tenue Vestimentaire de la Femme en Islam Shaykh Farîd Al-Ansârî

Guérir la Sorcellerie et le Mauvais Œil Selon le Coran et la Sunna Authentique Shaykh Wahîd Bâlî

Polygamie ou Ton Mari à Toi Seule ? \`Amir Shammakh

La Sexualité En Islam Réalité, Pratiques et Conseils
Edition revue et Corrigée par le Dr Abdullah Al-Jazâiri

L'Education Réussie Des Enfants L'Islam et Les Droits de l'Enfant 1° Prix des Universités Islamiques - Ra'fat F Suwaylim

Les Miracles du Prophète ﷺ Al-Hâfiz Ibn Kathîr

Les Mérites de l'Evocation d'Allah L'Imâm Ibn Al-Qayyim

Commentaires sur l'Authentique de la Médecine Prophétique
l'Imâm Ibn Al-Qayyim

Demain La Tombe Shaykh Mohammad Husayn Ya`qûb

Histoires Merveilleuses et Inédites -Récits des Pieux Prédécesseurs et des Contempo Shaykh Mahmûd Al-Misrî

La Prière d'Al-Fajr Muhammad Shûmân

Attarghîb Wattarhîb de l'imam Al-Mundhirî
Résumé par Al-Hafiz Ibn Hajar

Ma Sœur Tu N'es que de Passage sur Terre
Shaykh Mahmûd Al-Misrî

Main dans la main pour ta réussite mon chère mari
`Âdil Fathî `Abd-Allah

Commentaires sur Les 40 Hadiths An-Nawawi
Shaykh Al `Uthaymîn

Autour du Coran -Pratique des assemblées Coraniques de l'Assimilation à la Purification- Shaykh Farîd al-Ansârî

Interpréter Les Rêves Selon Le Coran et La Sunna Authentique
Fu'âd b. Sirâj `Abd Al-Ghaffâr

Description de la Prière du Prophète
Shaykhs Al`Uthaymîn + Al-Albânî + Bâzmûl

Fatawas de la Famille Musulmane Tome 1 DOGME
Réponses des shaykh Al-Albânî - Ibn Bâz - Al`Uthaymîn

Sagesses et Exhortations de l'Imâm Ibn Al-Qayyim
Compilation de Sâlih Ahmad Ash-shâmî

L'Islam et L'Équilibre Psychologique `Abd-Allah Al-`Aydân

Au Cœur Des Hadith-s Divins - Explication et Commentaire du
Shaykh Ibn Sâlih Al-`Uthaymîn

Vers Allah ﷻ -Résumé du livre « **Voies des itinérants** » de l'imâm Ibn Al-Qayyim Par le shaykh Khâlid Al-`Akk

Comment se Protéger des Djinns et de Satan ?
Shaykh Wahîd Bâlî

Questions Fréquemment Posées Par les Femmes
Shaykh Al `Uthaymîn

Comment Choisir l'Etre Aimé ? Khalîfa Al-Mahrizî

Le Traitement Efficace du Stress et de l'Anxiété
`Âdil Fathî `Abd-Allah

`AISHA La Bien-Aimée du Prophète Bnu Bahîj al-Andalusî

Femme Musulmane : Voici Les Clés pour Accéder au Paradis et te Sauver de l'Enfer Shaykh `Ali `Abdal-`Âl

Prière d'Istikhâra - **Prière de Consultation**
`Abdallah Al-Hammâdî

Pratiques Funéraires - **40 Fatwas des savants**
- 241 Innovations énumérées par le shaykh Al-Albânî

Les Remparts de la Foi contre les malices de satan
Shaykh Wahîd Bâlî

Les Astuces de satan Pour Corrompre Les Coeurs
Shaykh Wahîd Bâlî

La Concentration dans la Prière Comment la réaliser et son rôle dans l'éducation et la sécurité Bâddî Muhammad

La Voie du Prophète Résumé du livre -**Zâd Al-Ma`âd-** d'Ibn Al-Qayyim Par le shaykh Muhammad Abdul-Wahhâb

Es-Tu Sérieux Dans Ta Pratique de l'Islam ?
Shaykh Husayn Ya`qûb

Commentaire d'Al-Fâtiha de la dernière partie du Coran
Shaykh Al-`Uthaymîn

Erreurs à éviter dans la Purification Rituelle Shaykh Wahîd Bâlî

Les Trois Commentaires sur Les 40 Hadiths de l'Imâm AnNawawi Al`Uthaymîn - AnNawawi - Ibn Daqîq Al-`Îd

Comment Gagner l'Amour de Ton Mari Ibrâhîm Al- Mahmûd

J'Aime Mon Mari `Âdil Fathî `Abd-Allah